MAINS OCCUPÉES

CAHIER D'ACTIVITÉS 4-6 ANS | TOME.1 | COMMENT DESSINER

ActivityCrusades

Publié par Speedy Publishing Canada Limited

ActivityCrusades
activity books

COMMENT DESSINER

POUVEZ-VOUS COPIER CECI?

Dessinez l'image avec les lignes comme guide puis coloriez-la!

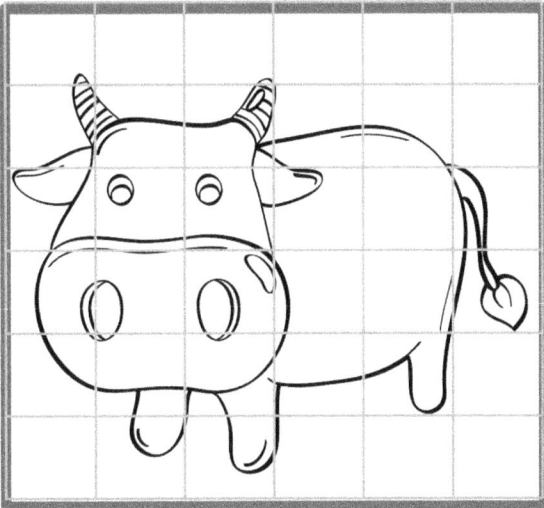

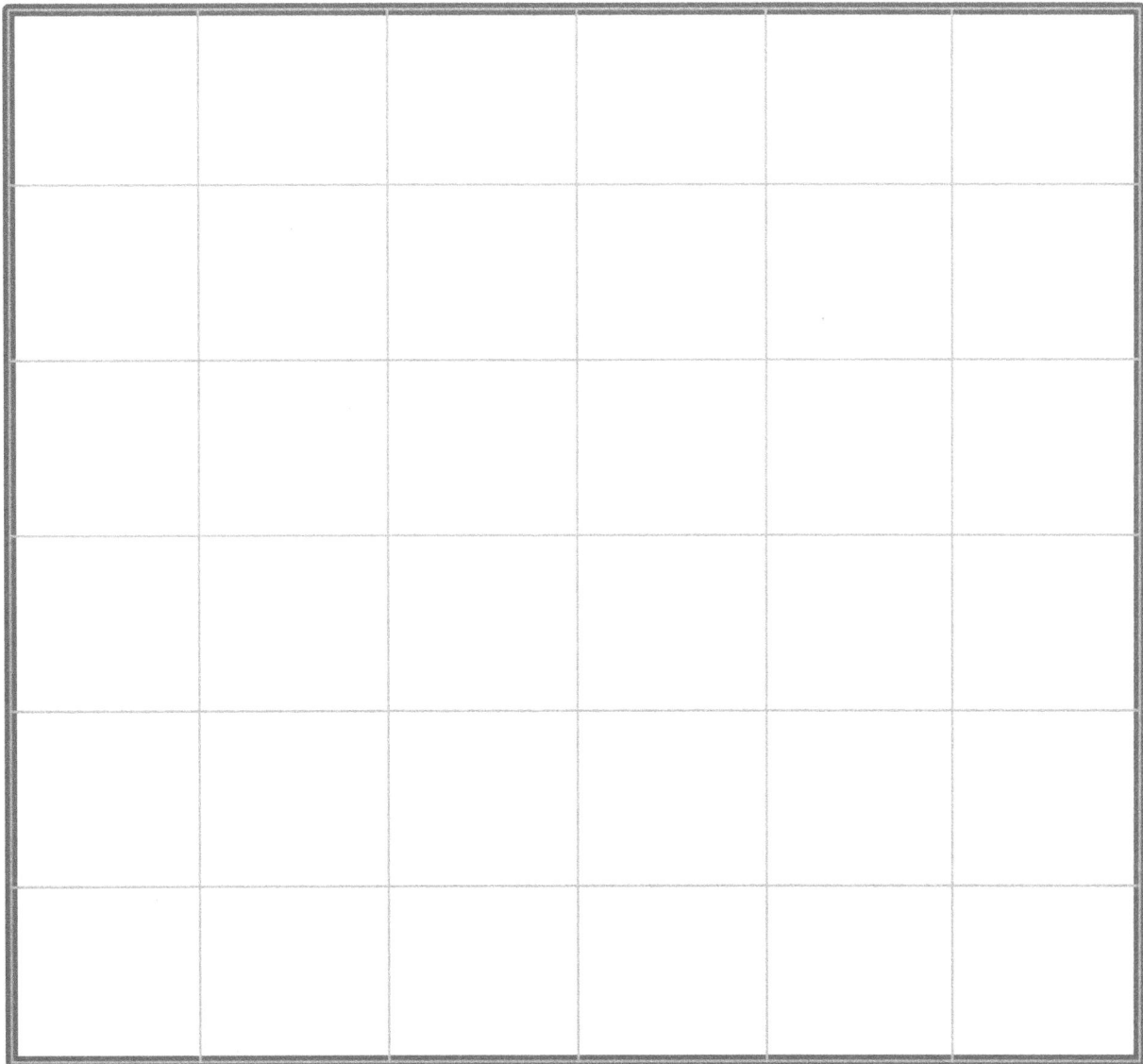

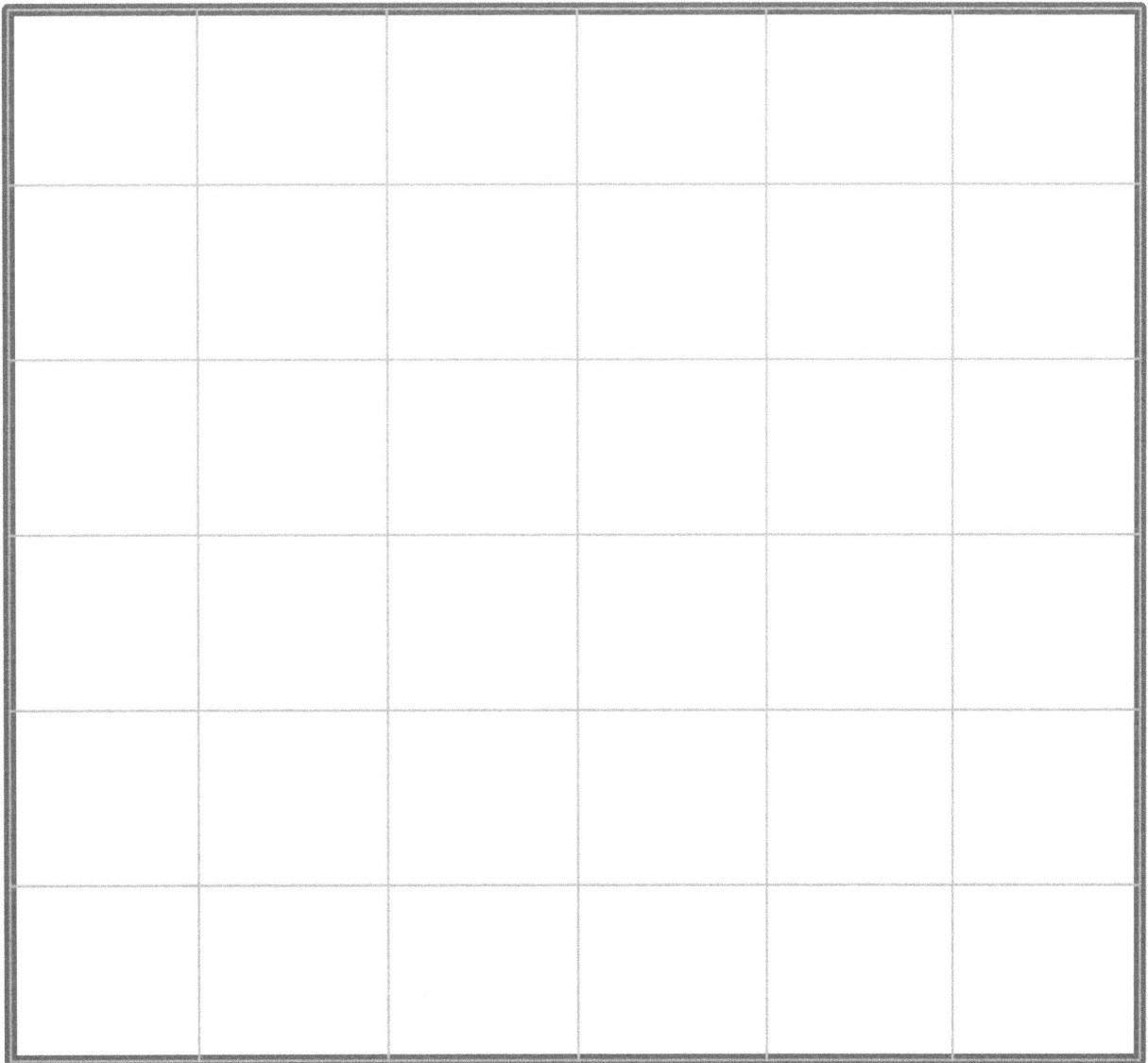

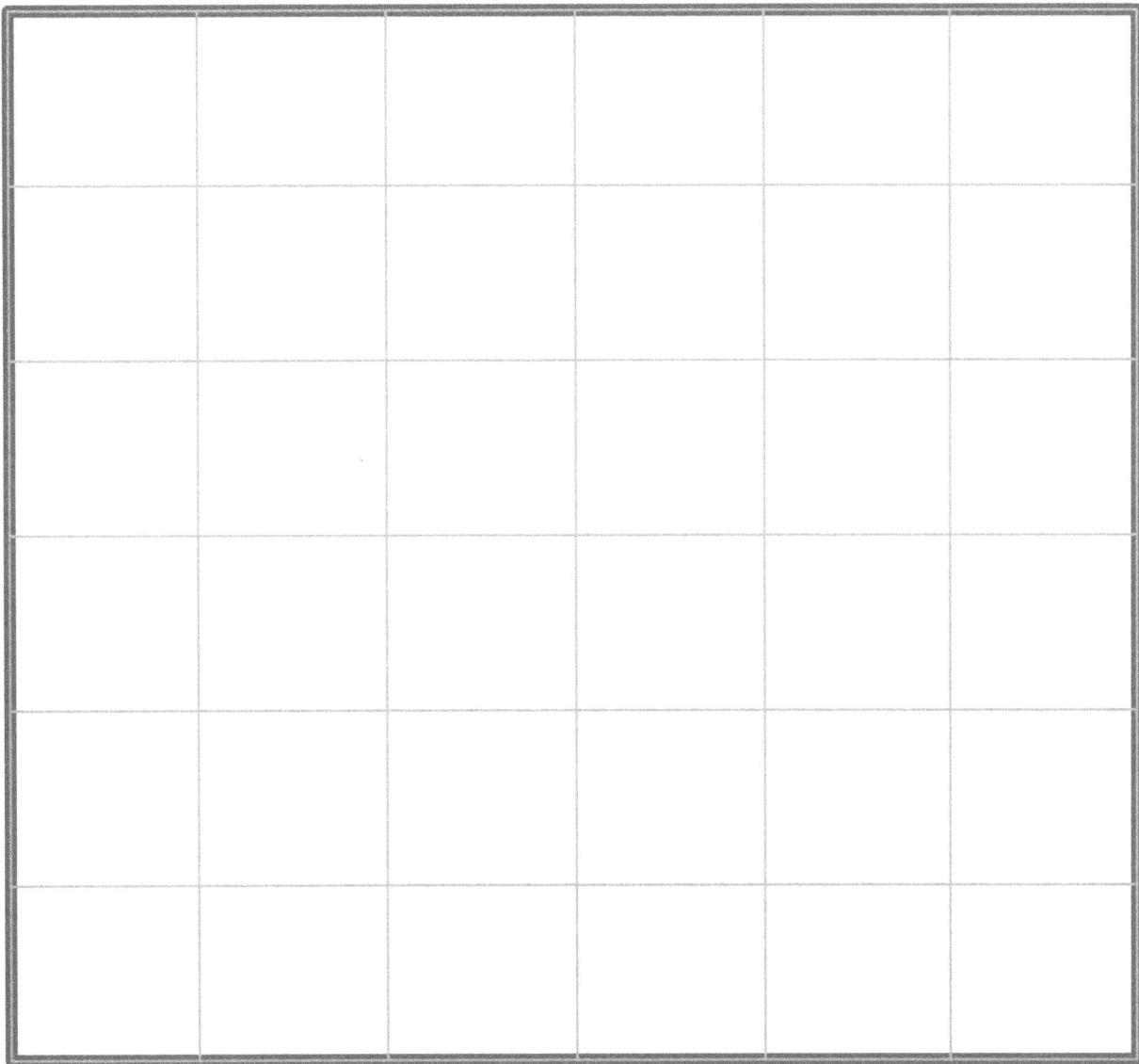

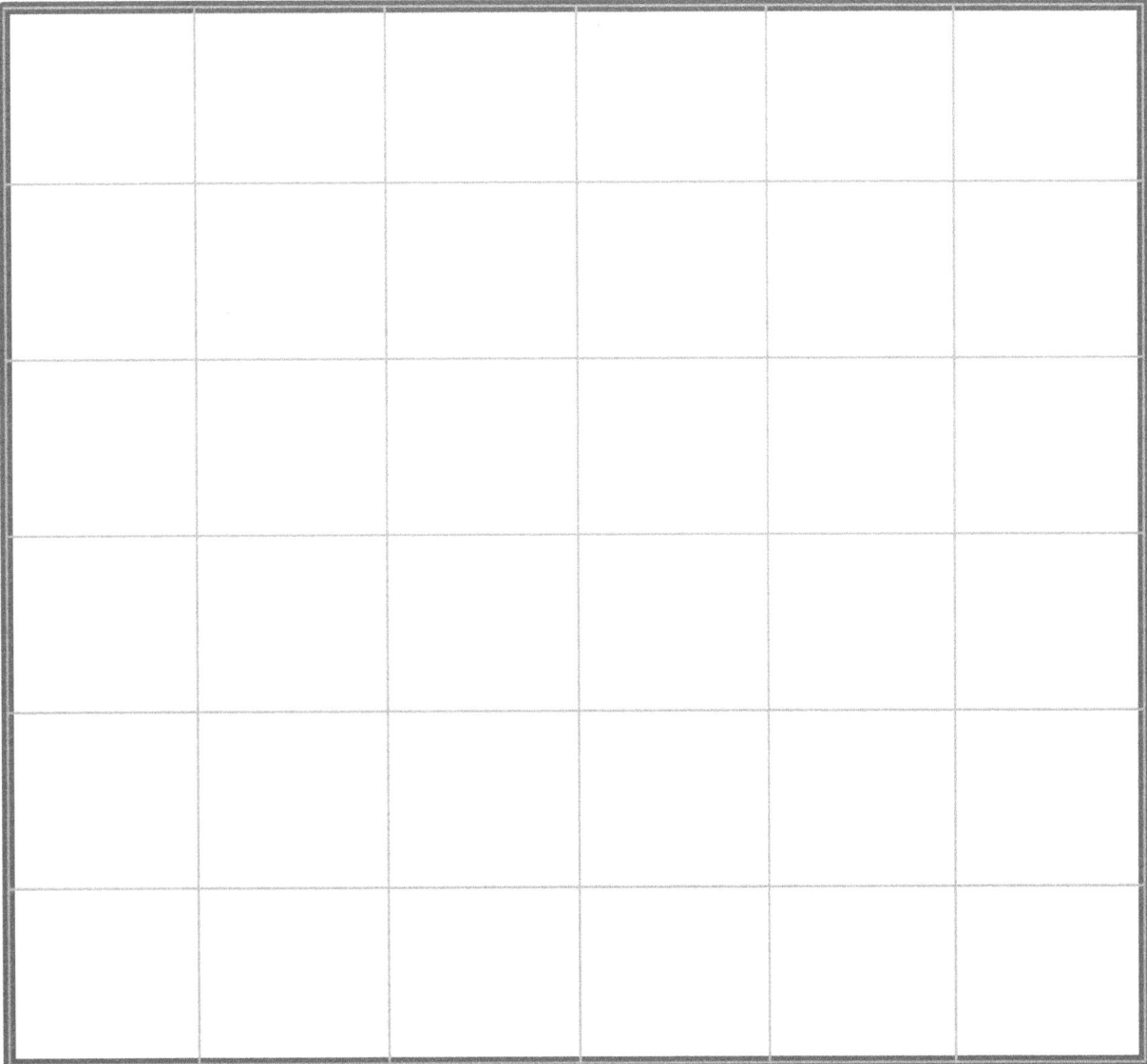

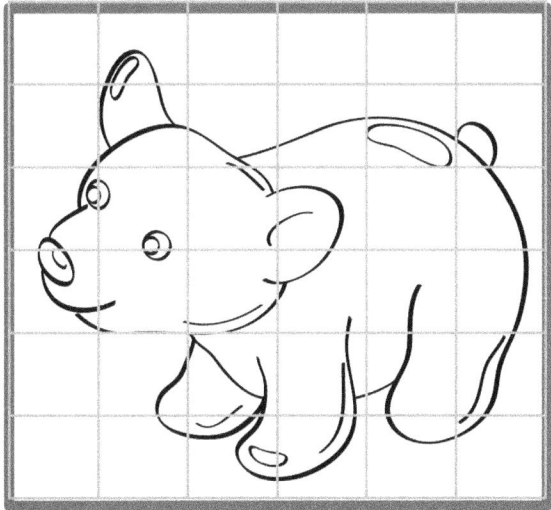

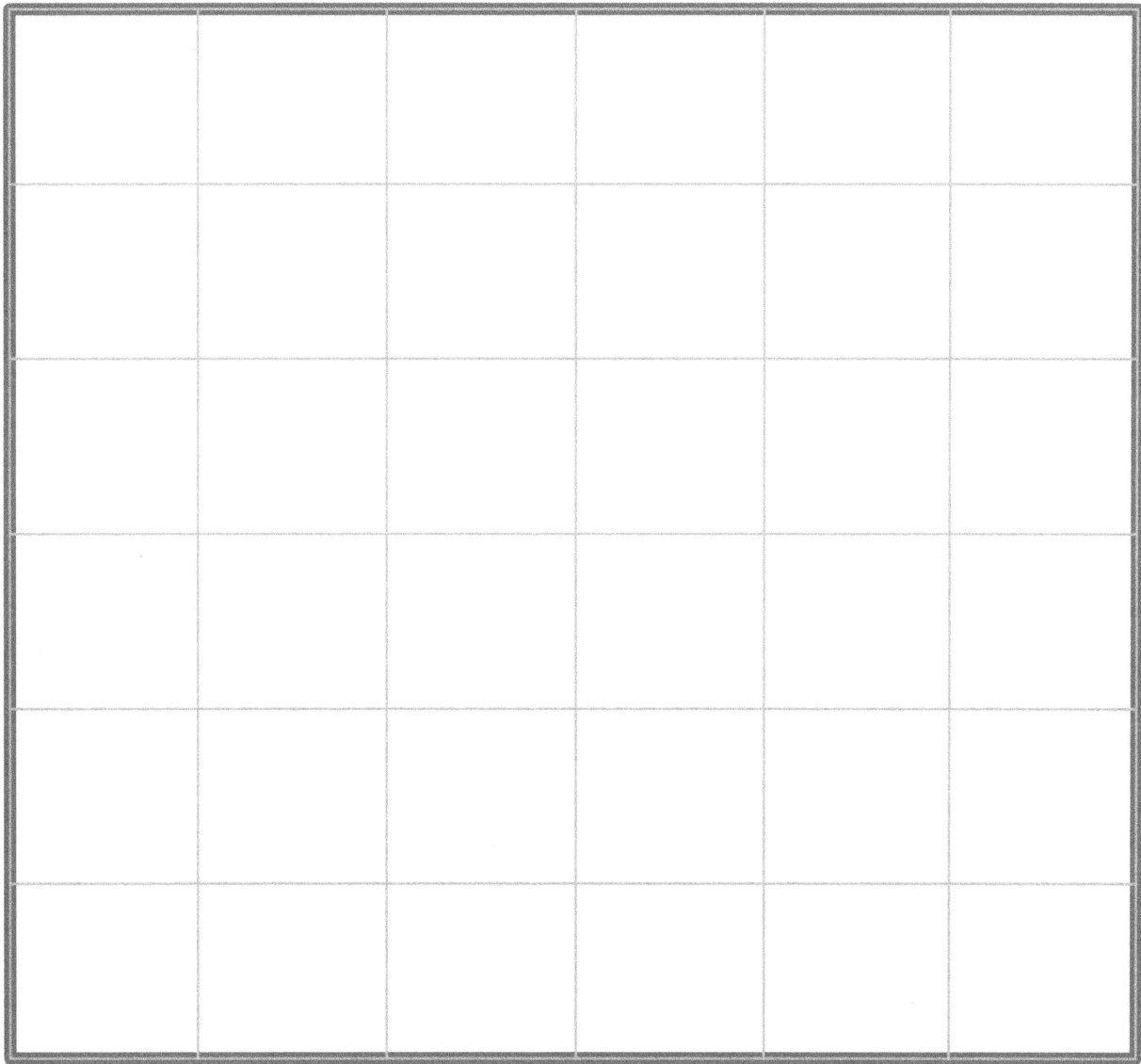

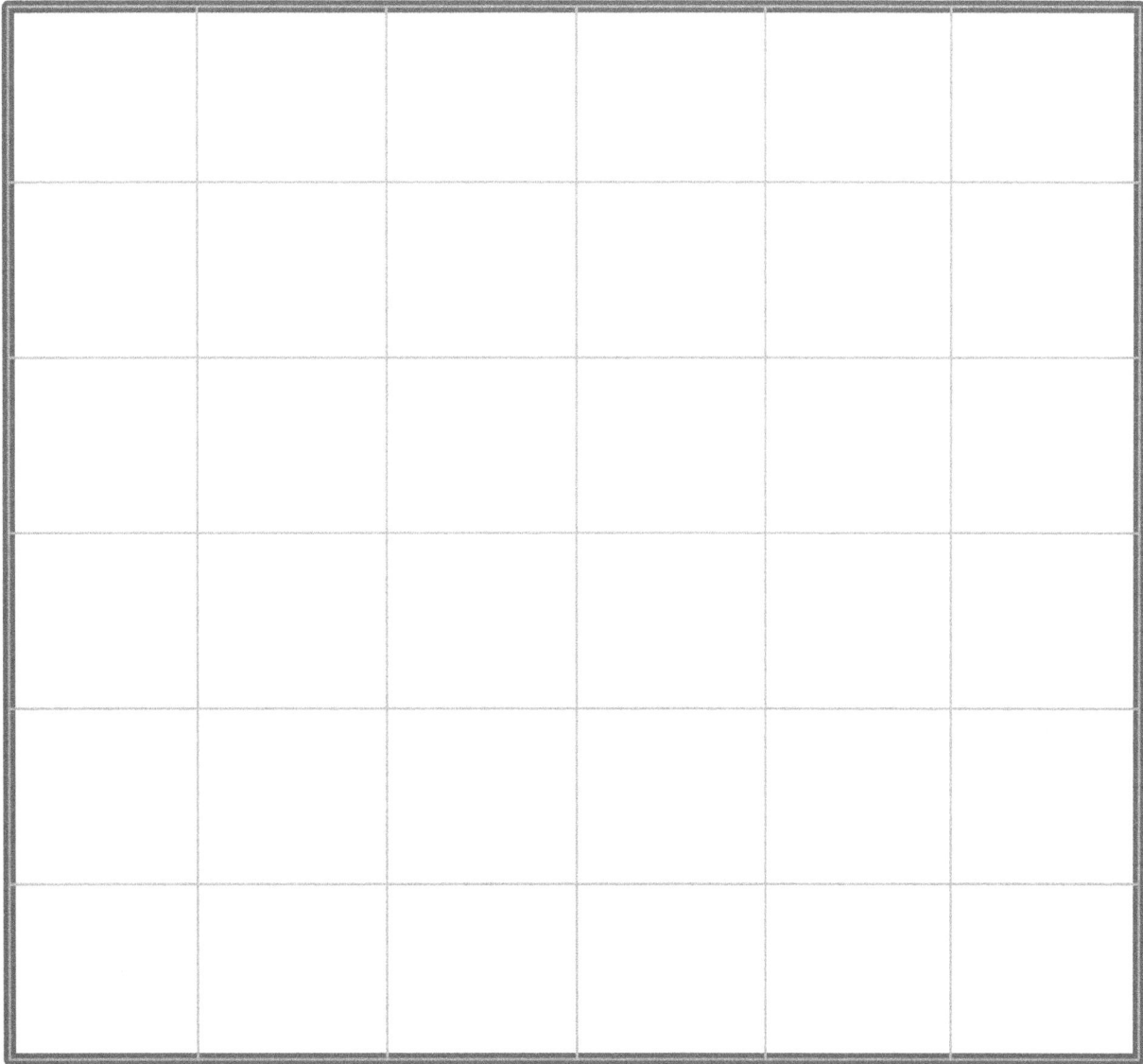

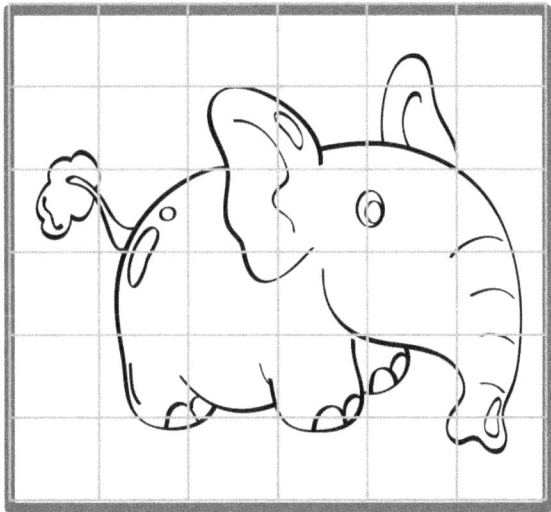

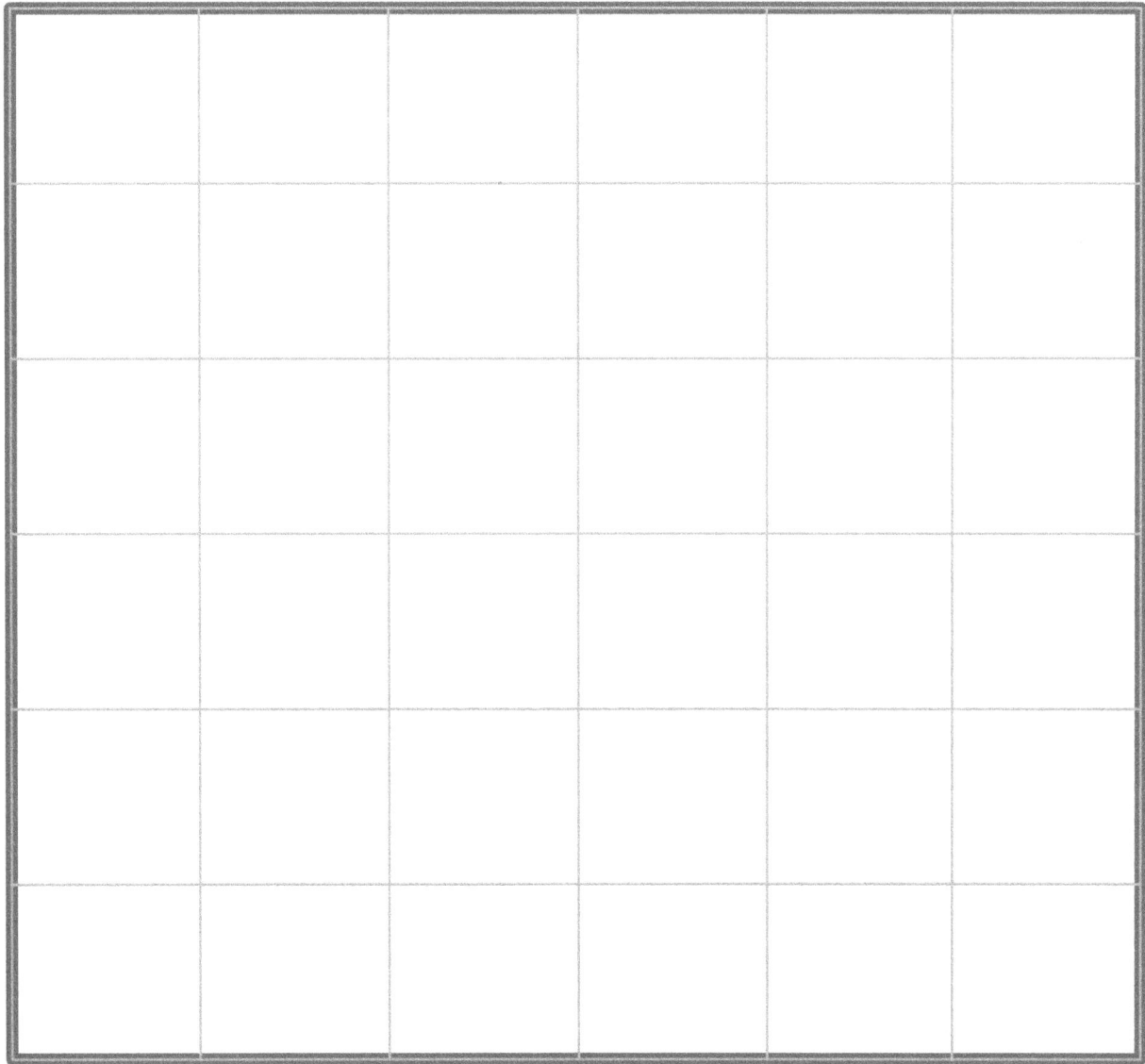

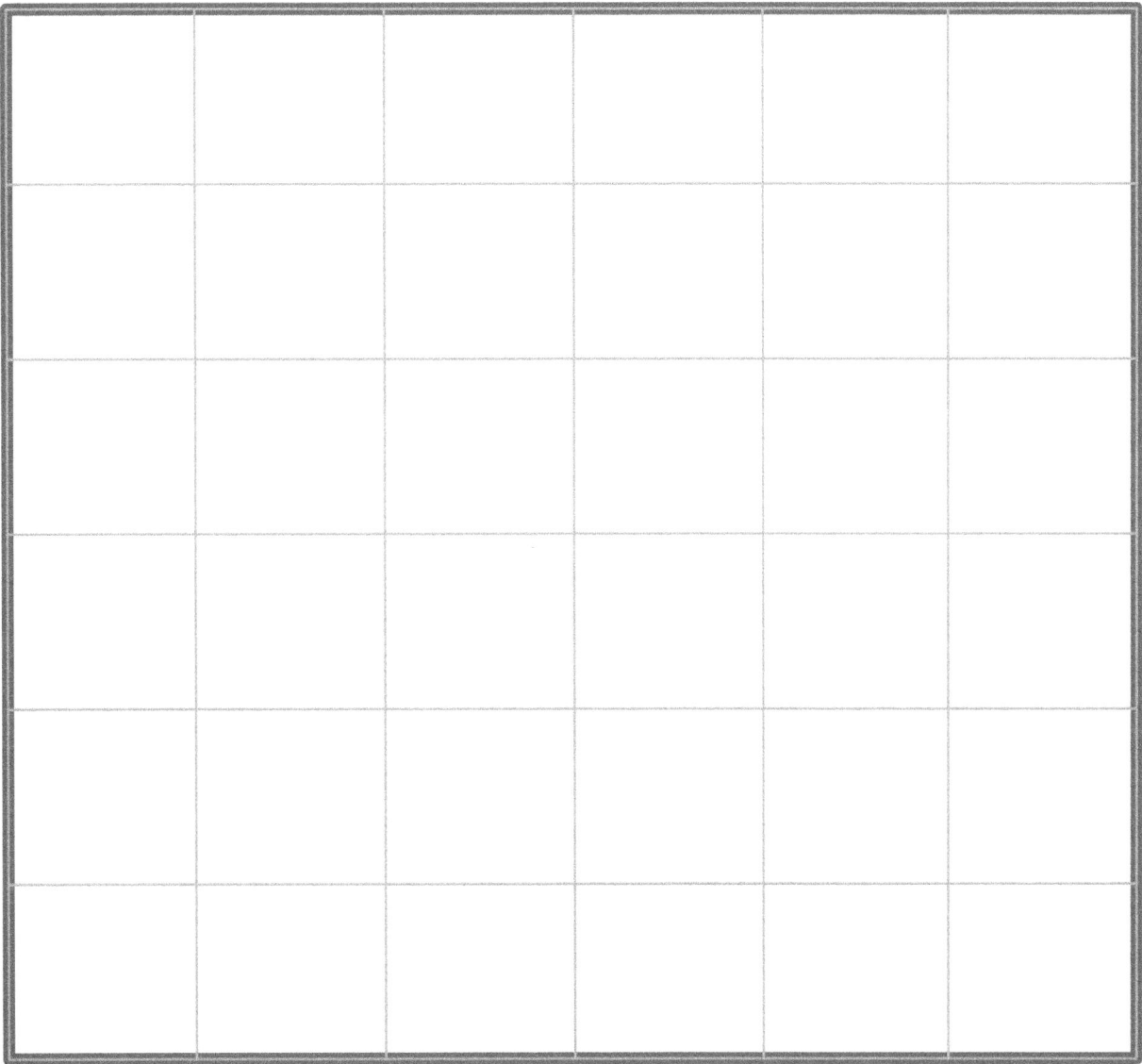

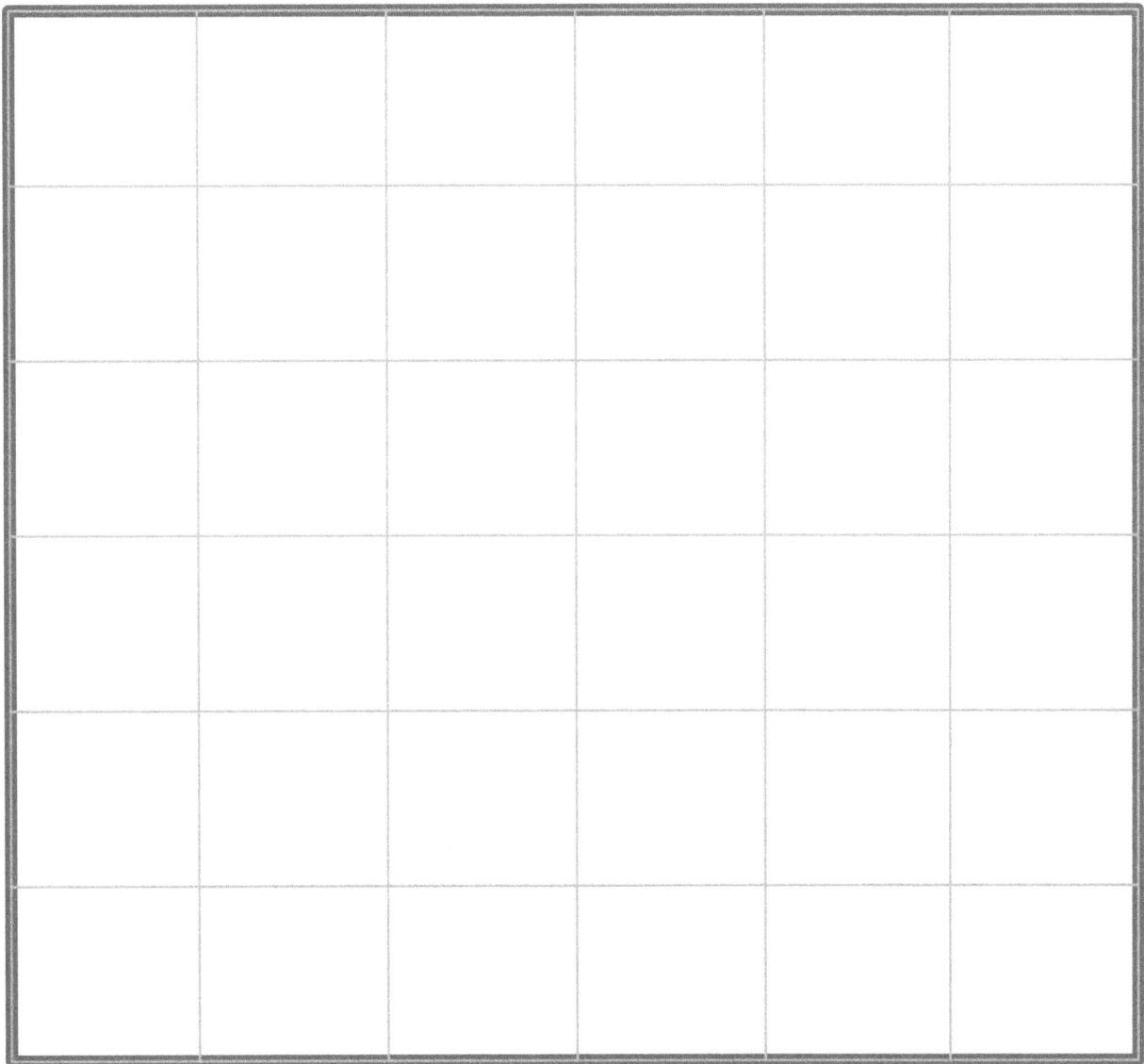

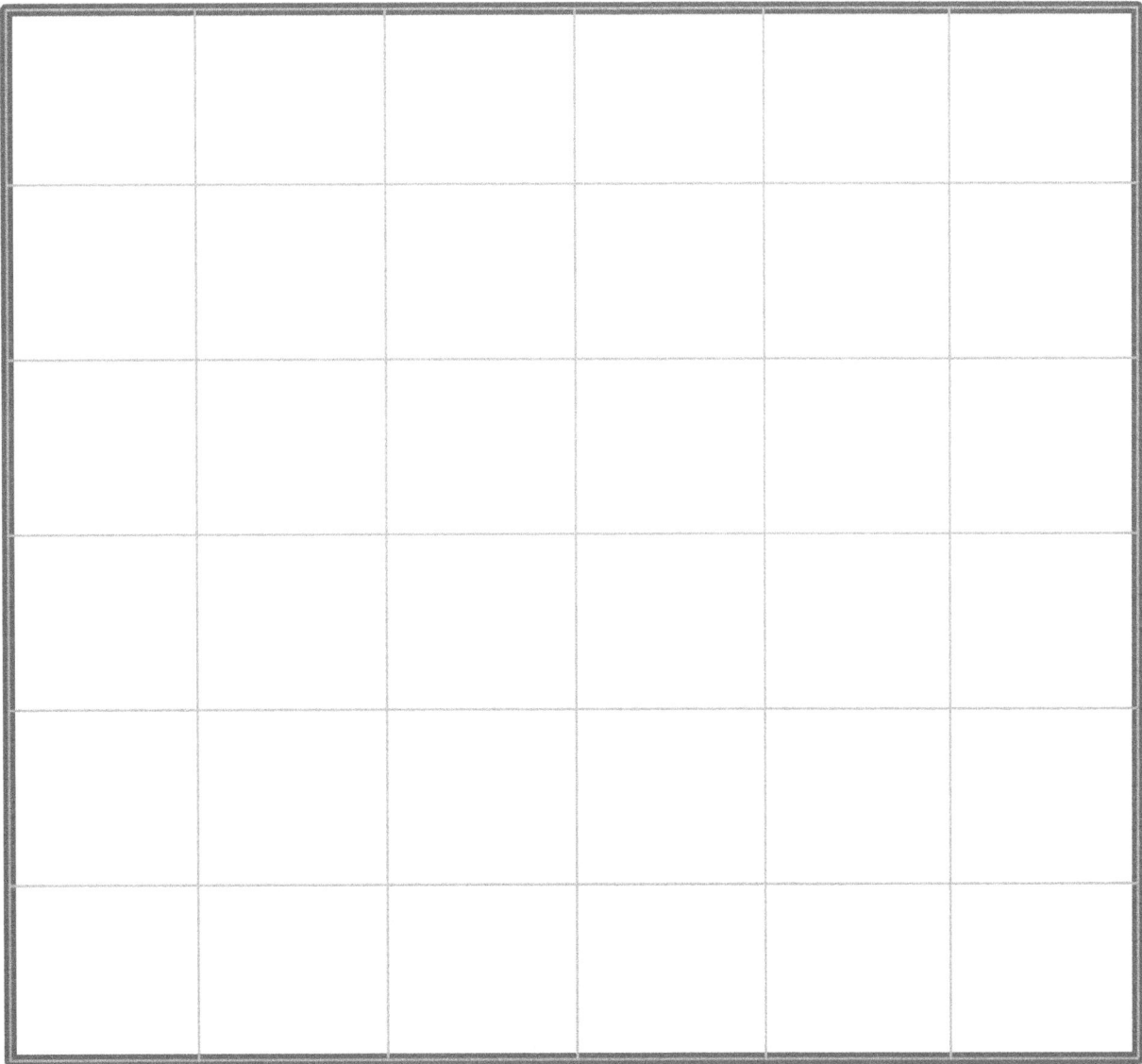

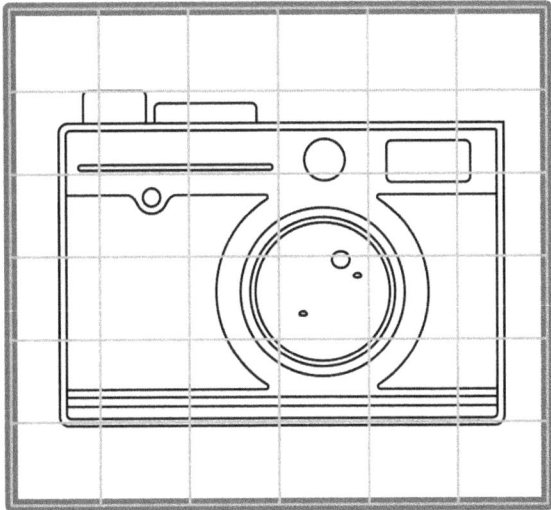

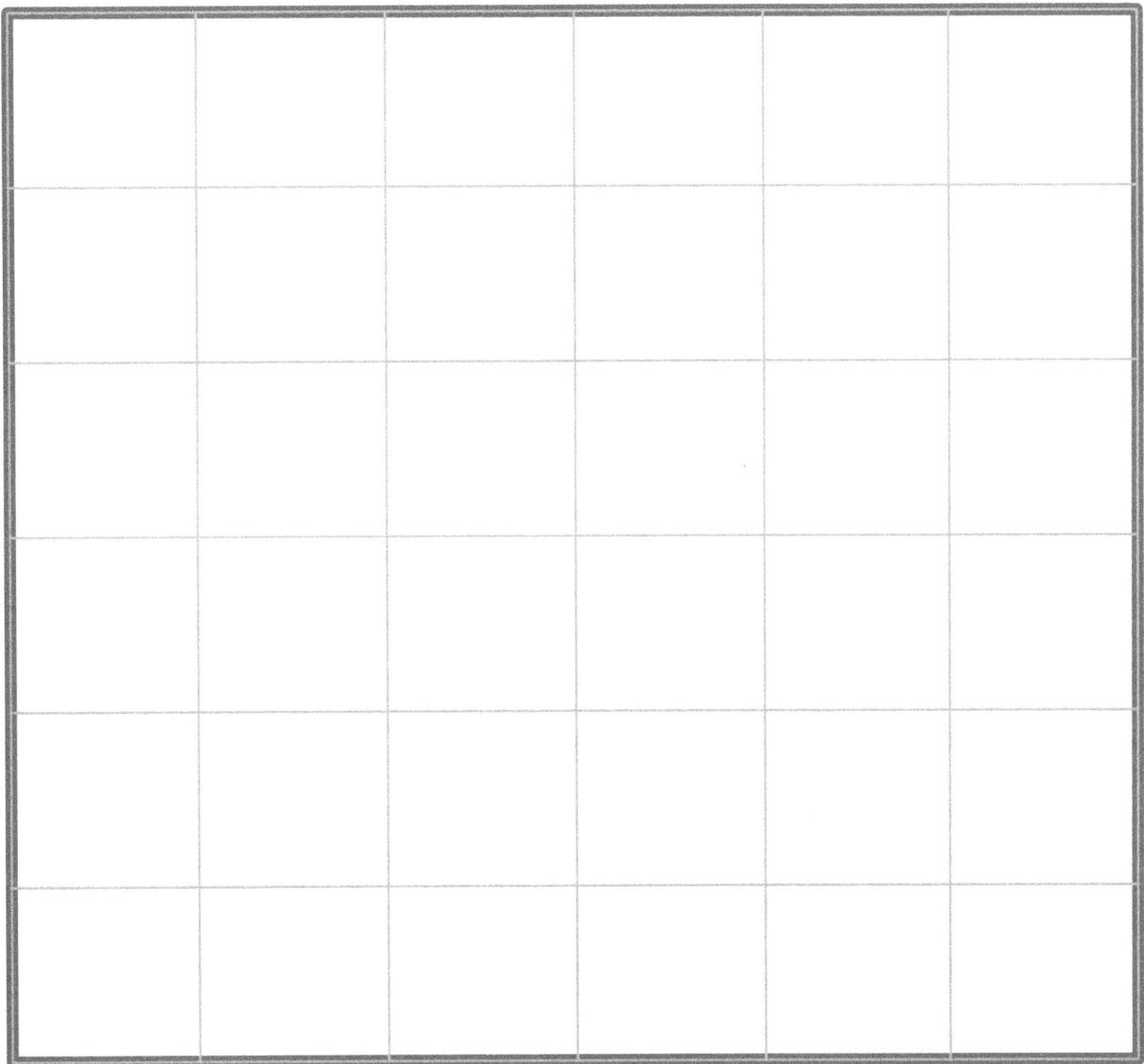

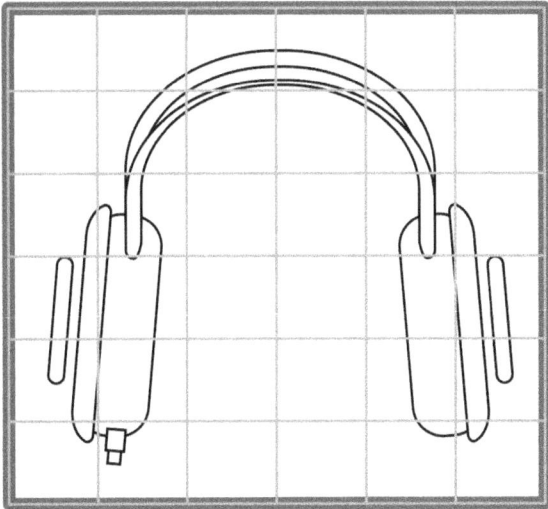

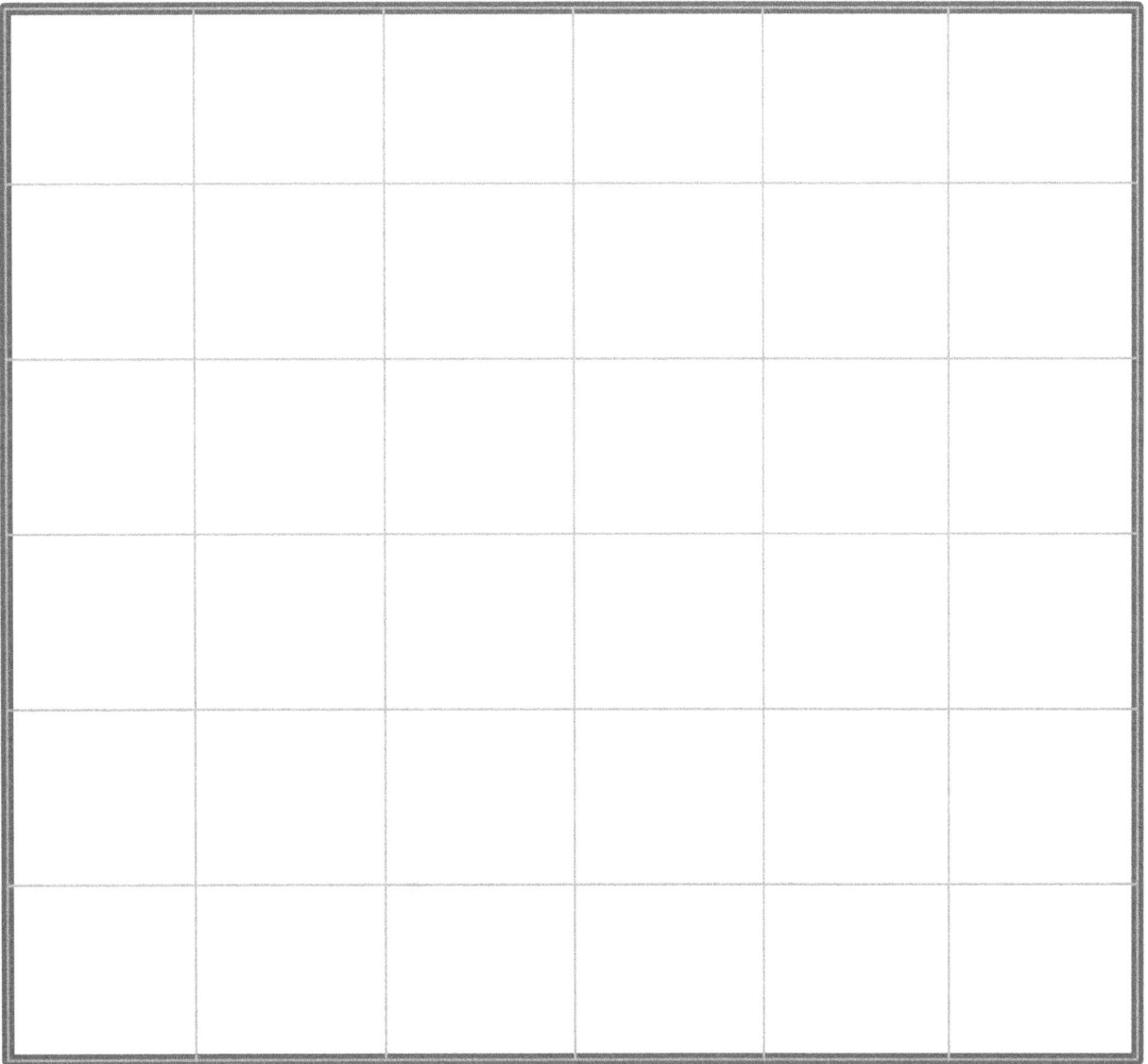

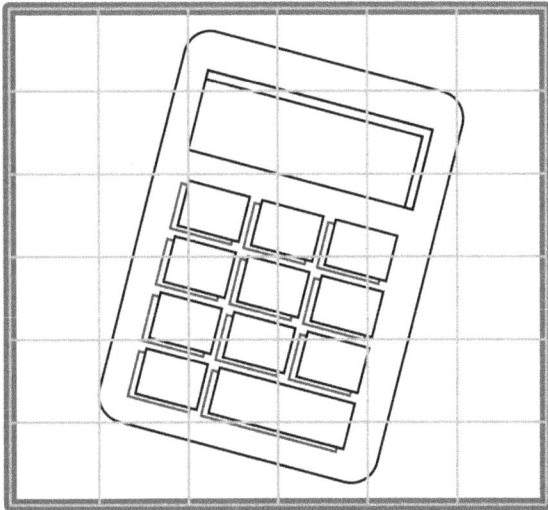

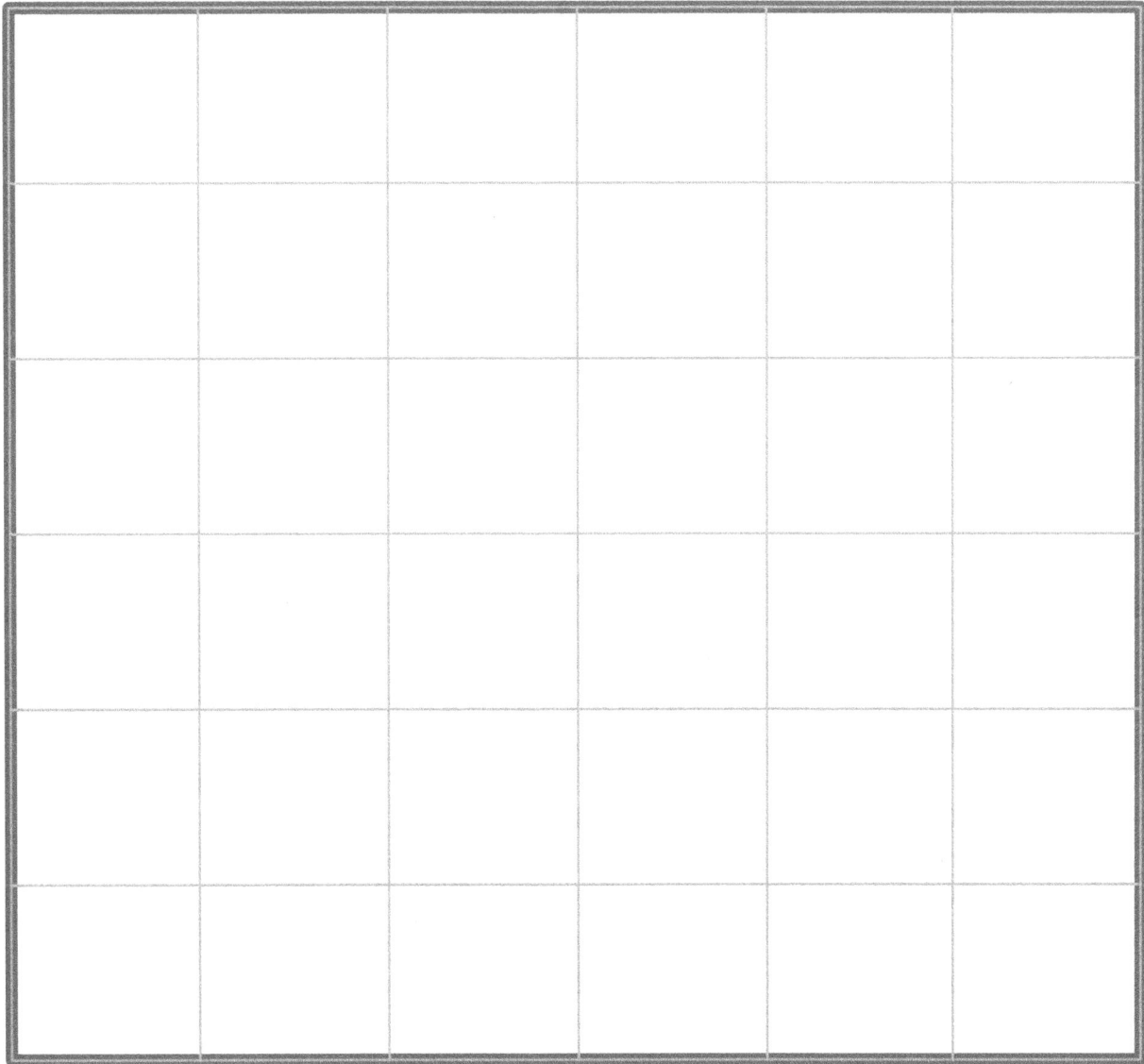

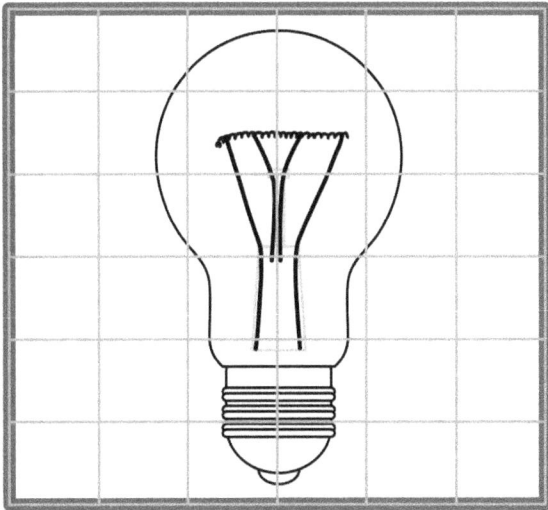

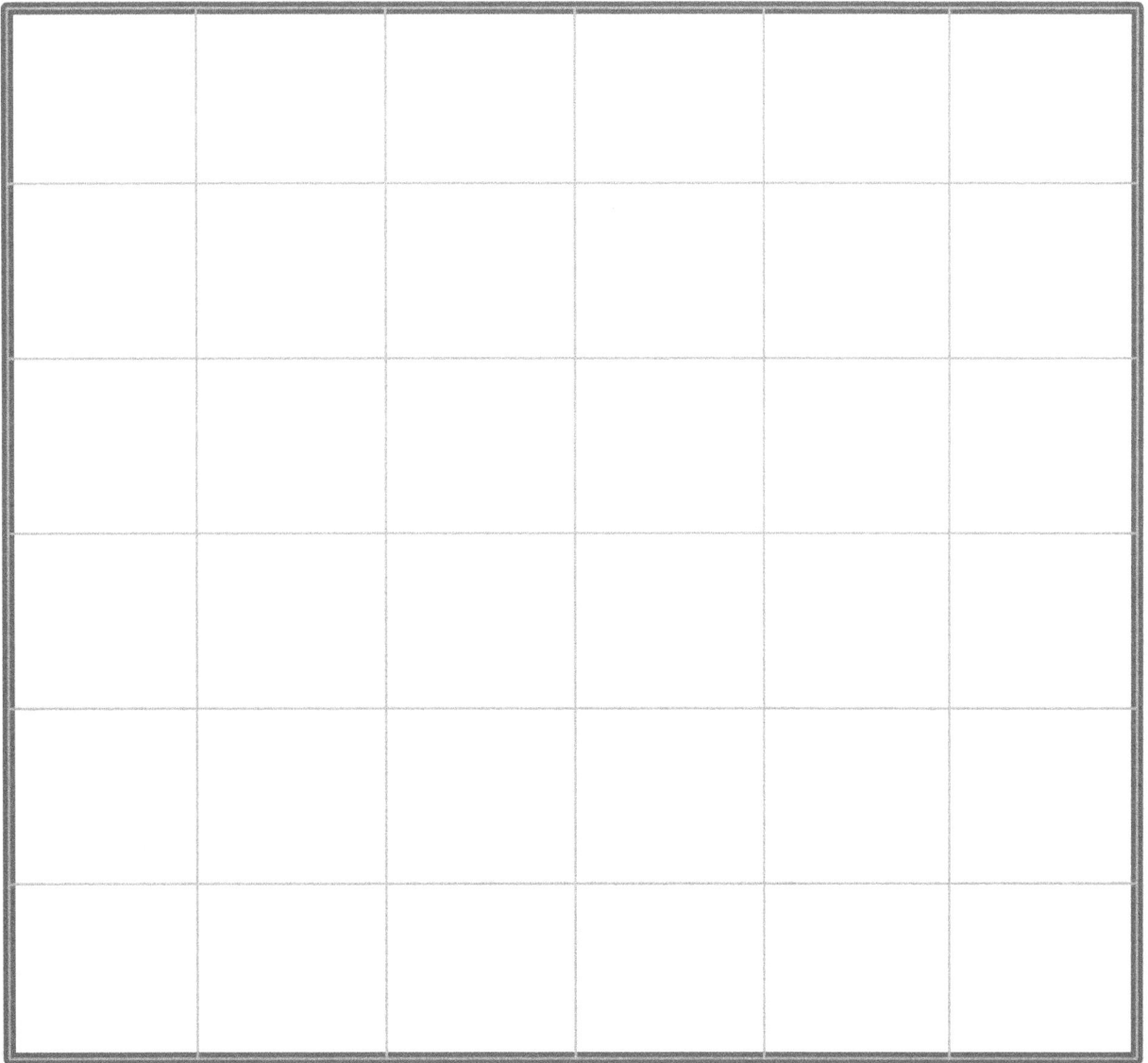

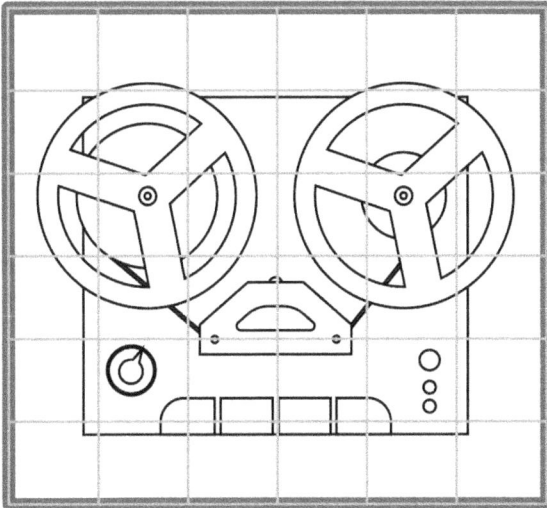

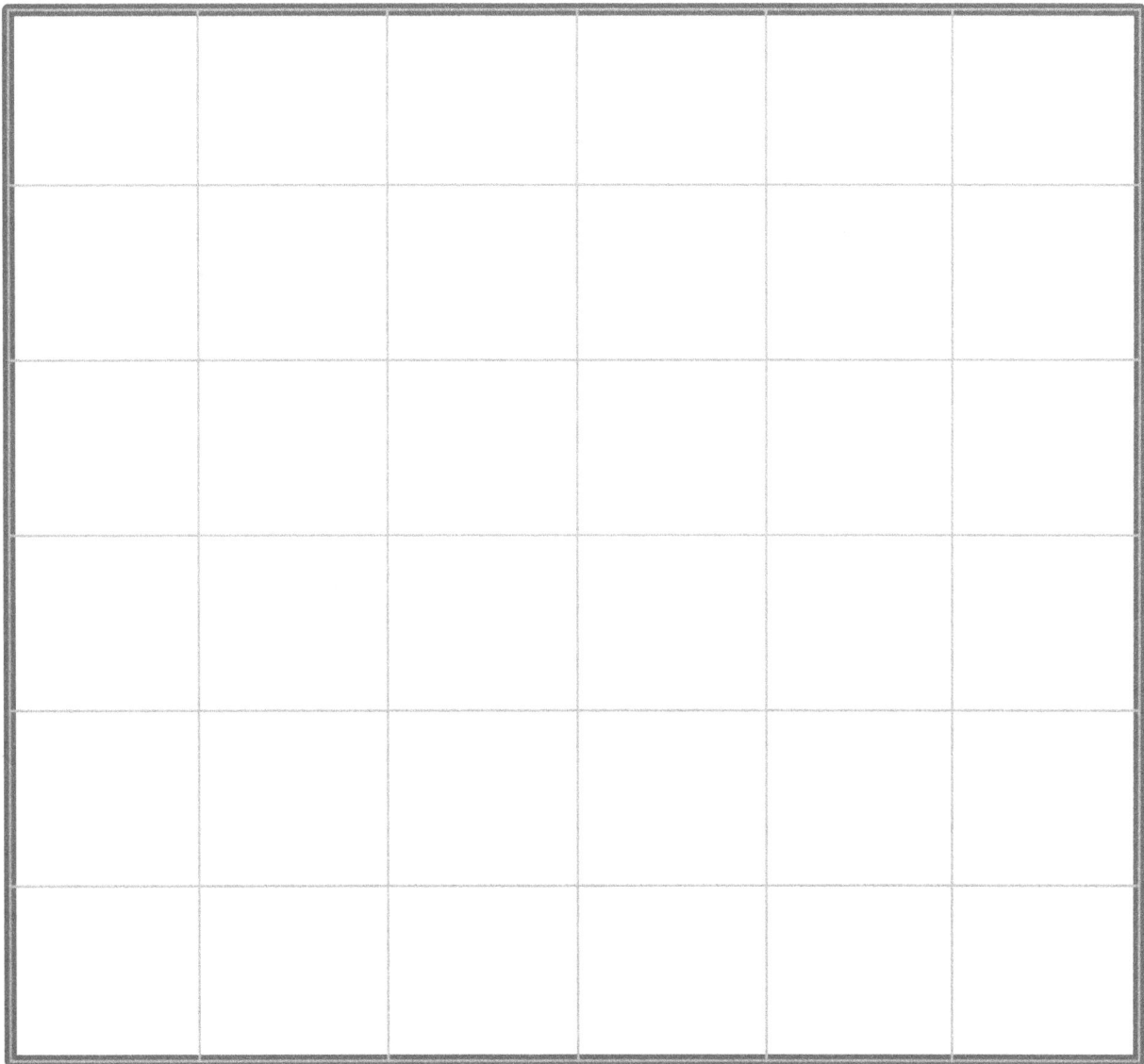

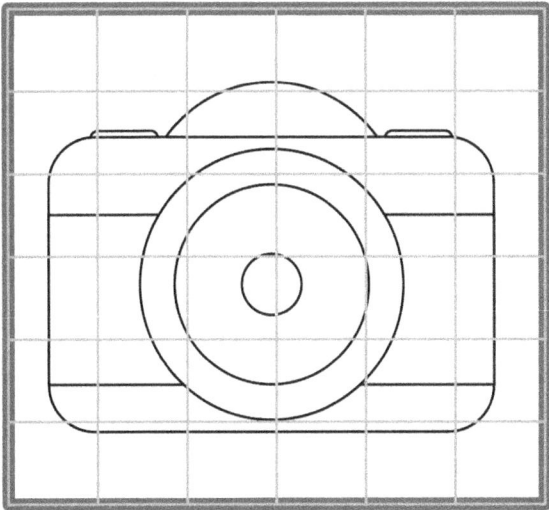

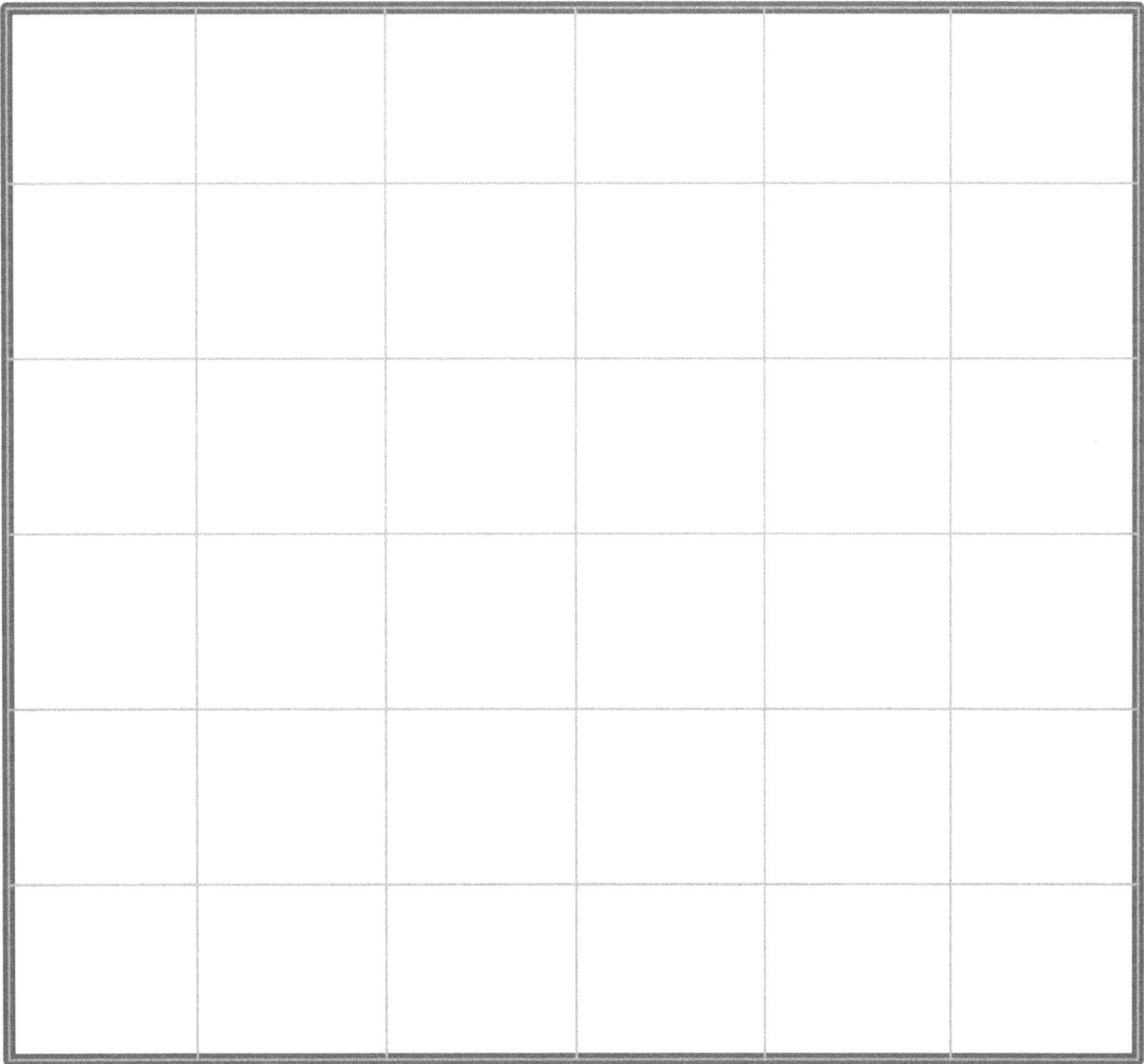

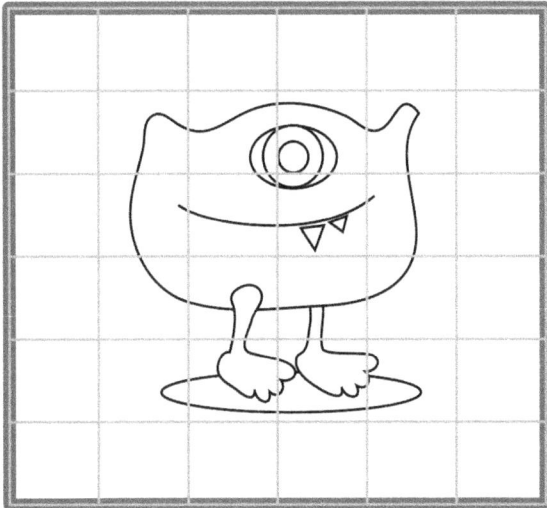

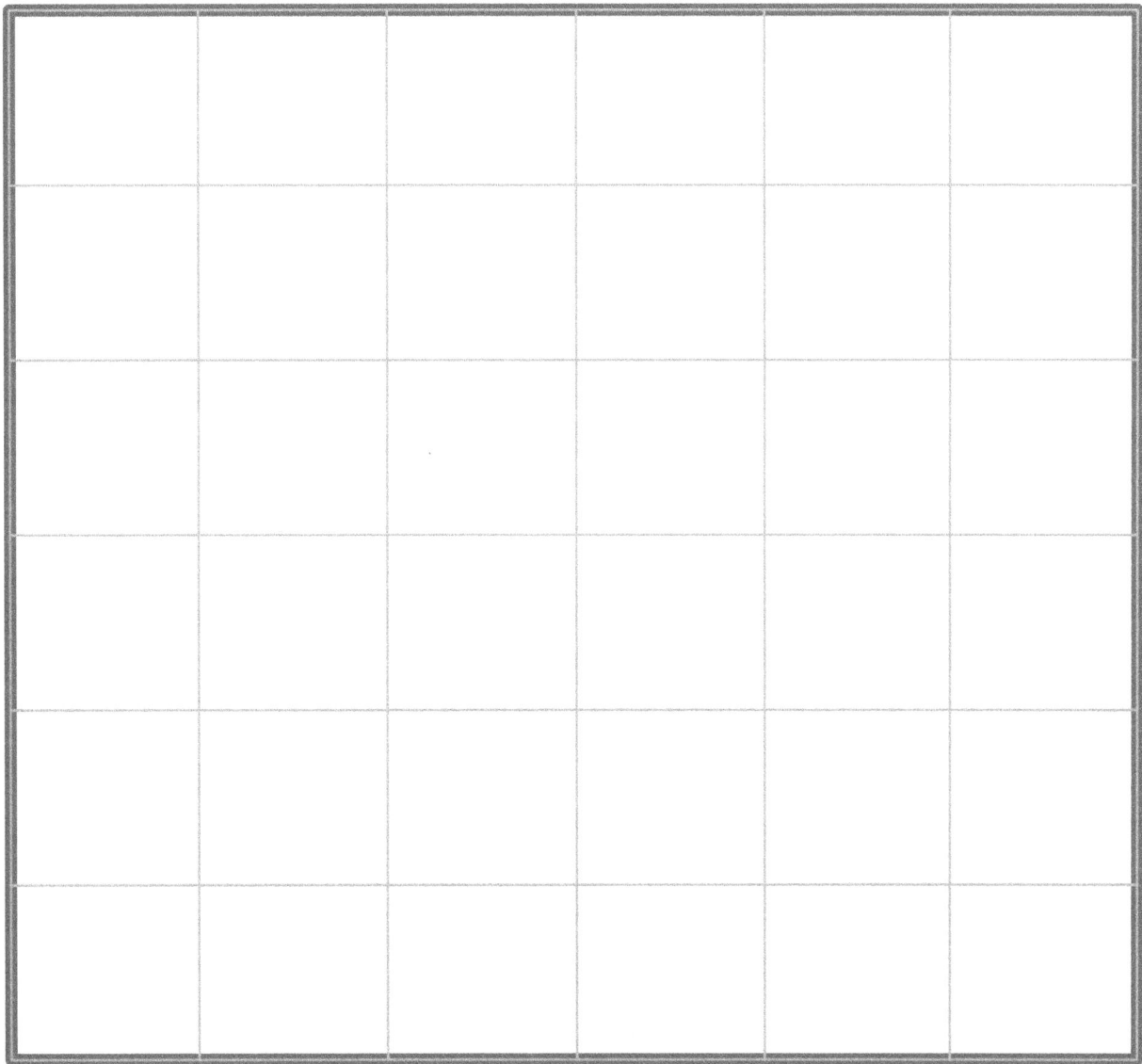

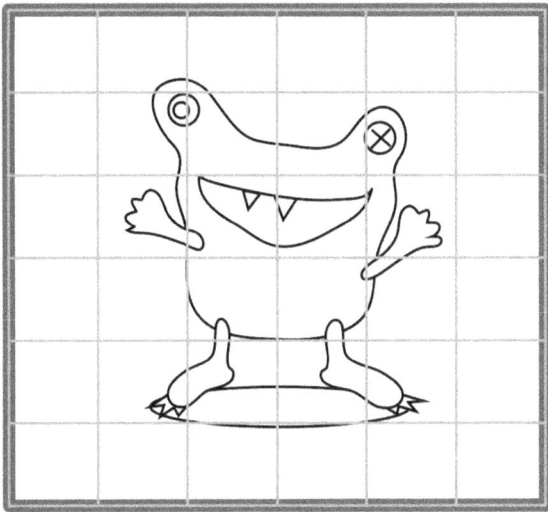

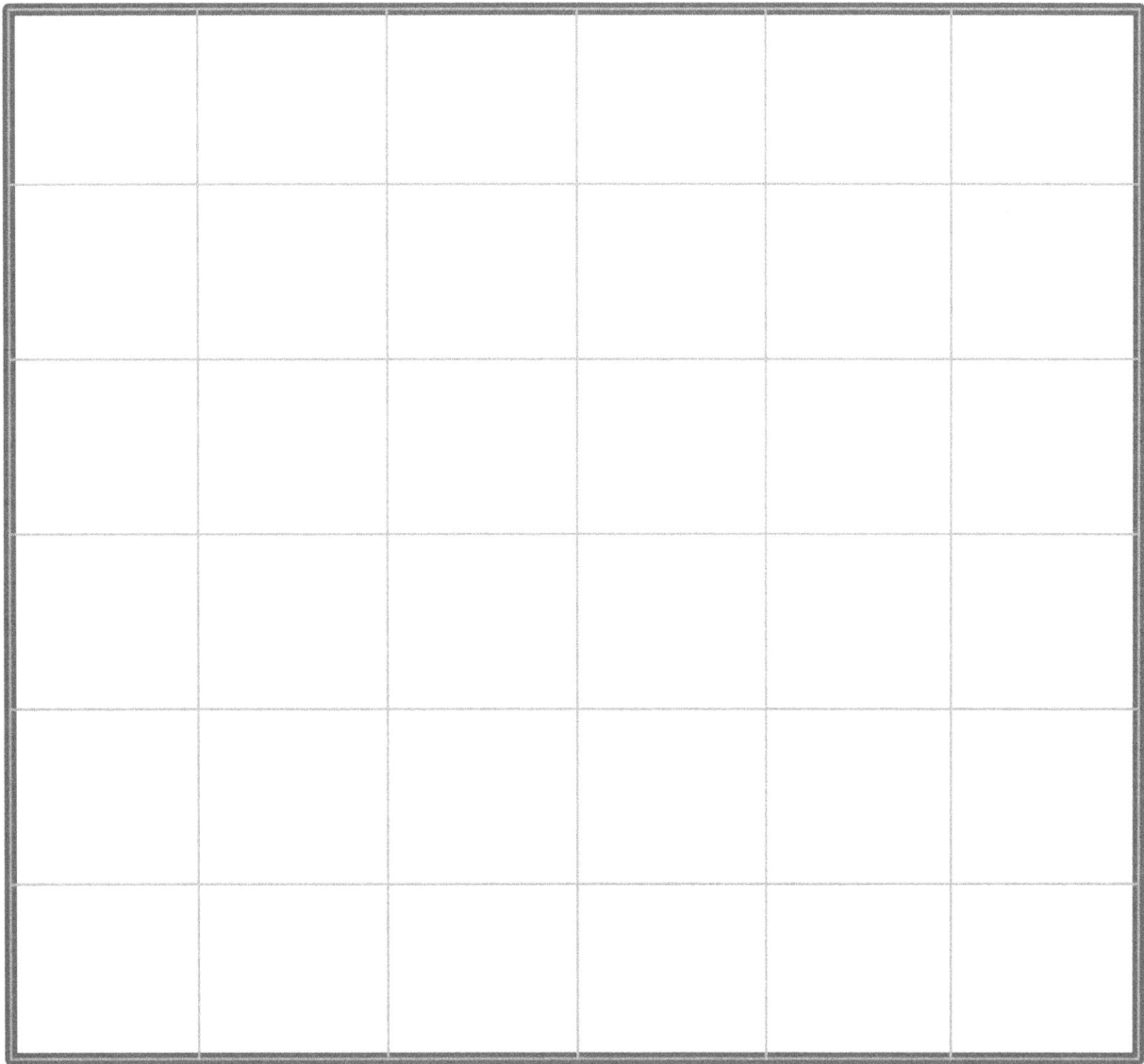

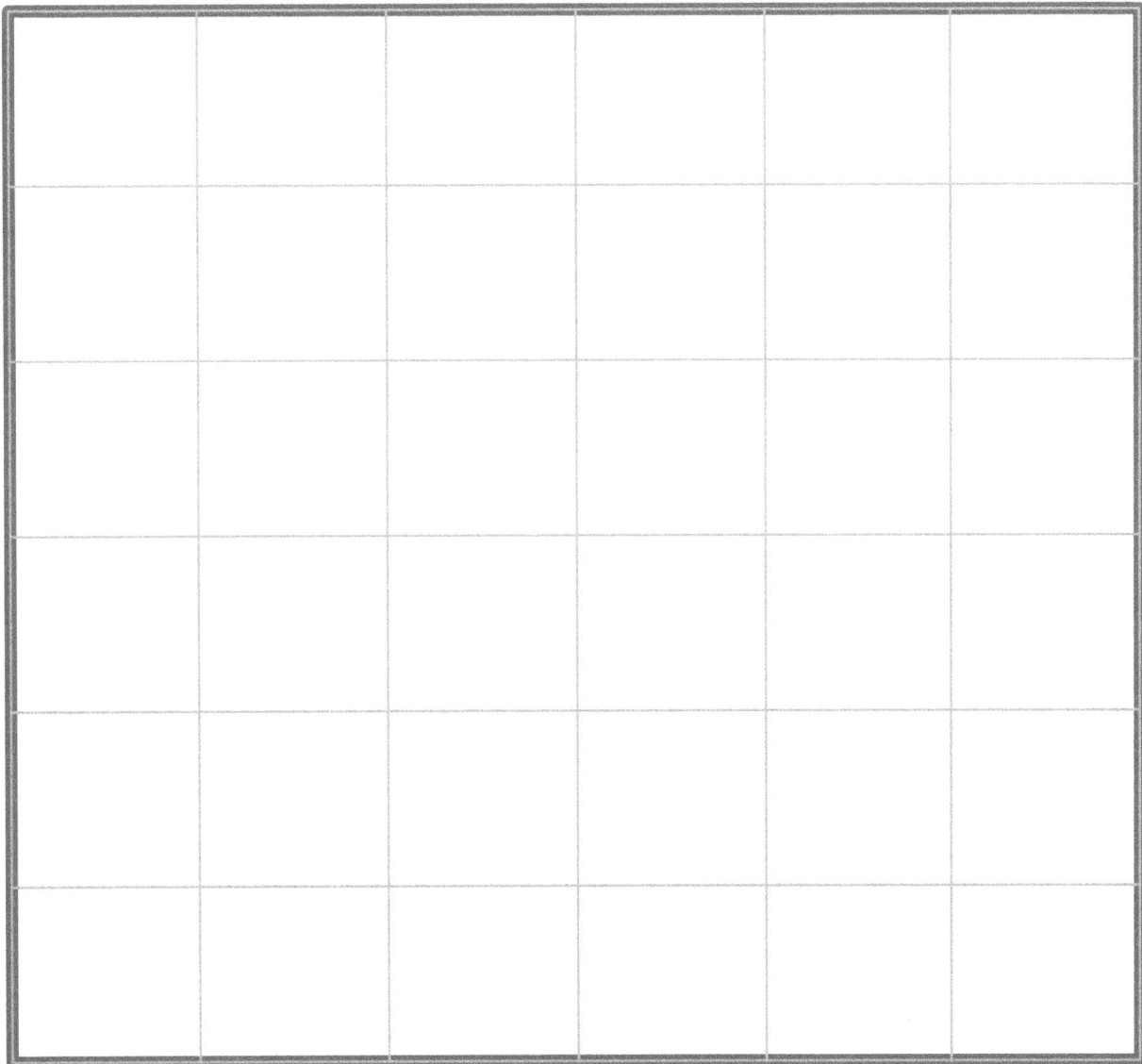

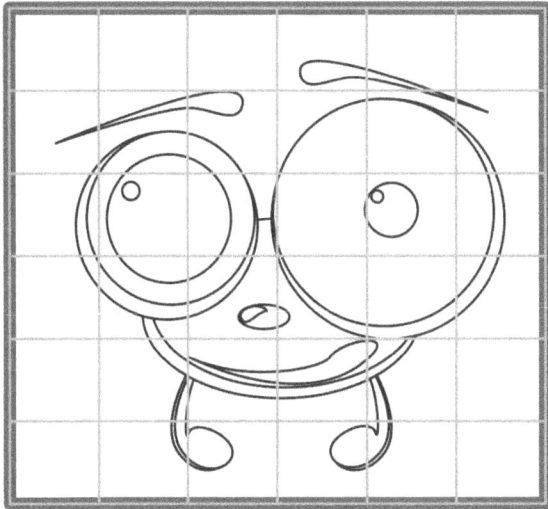

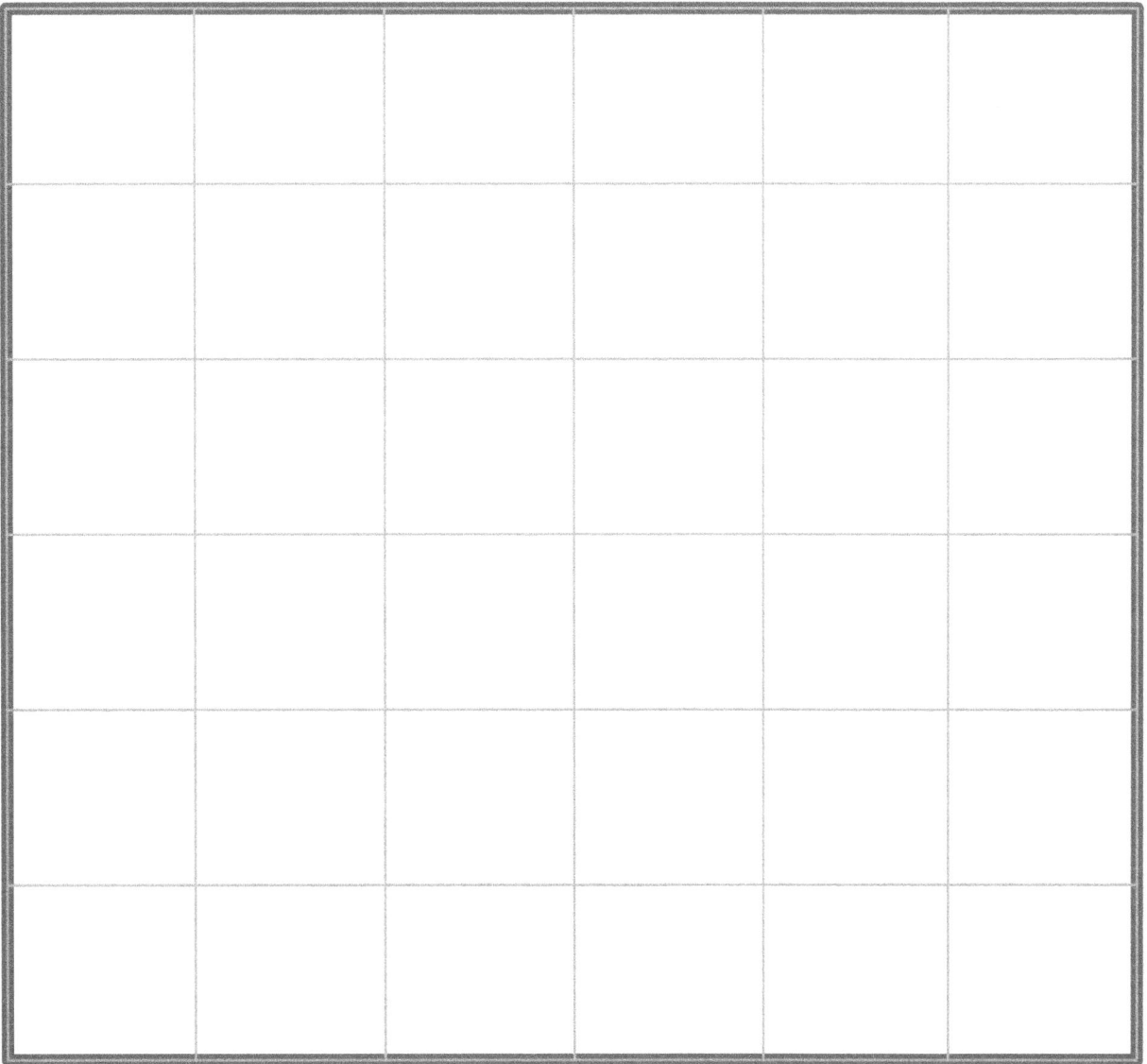

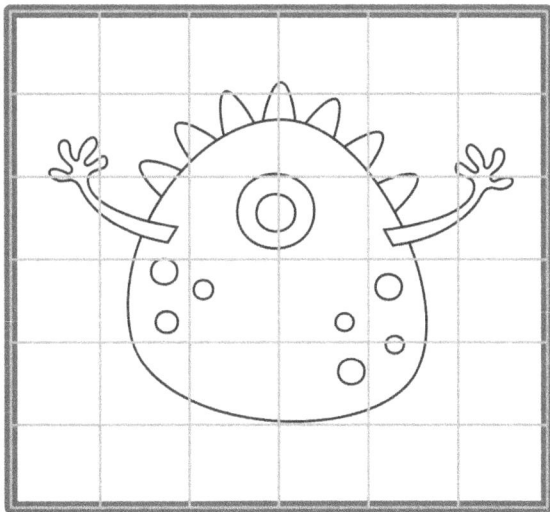

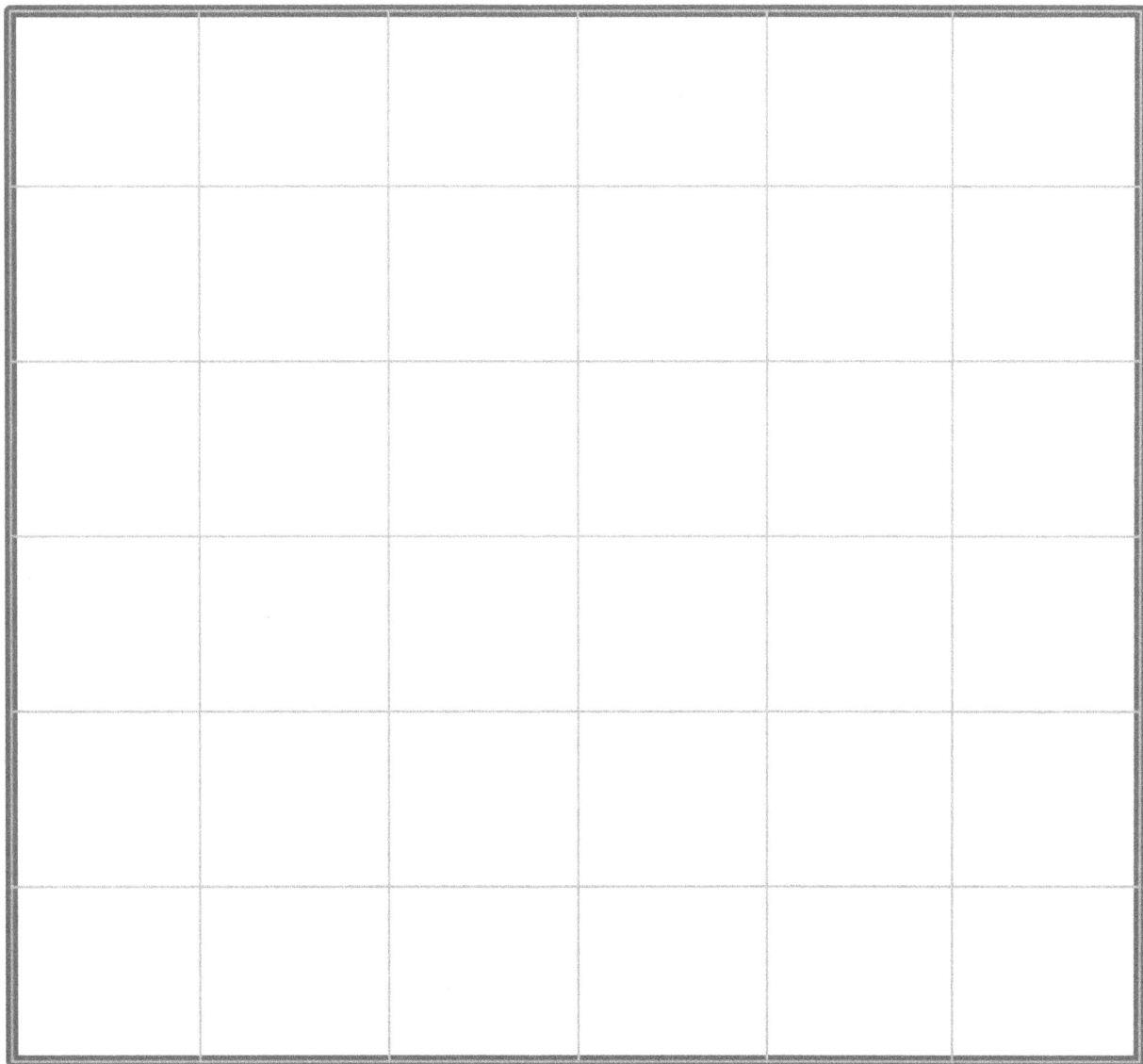

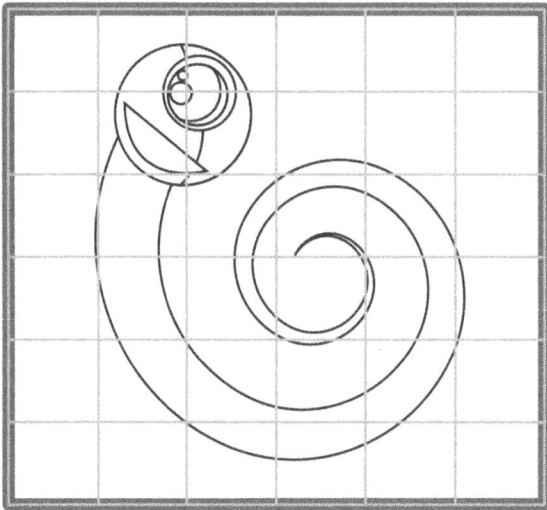

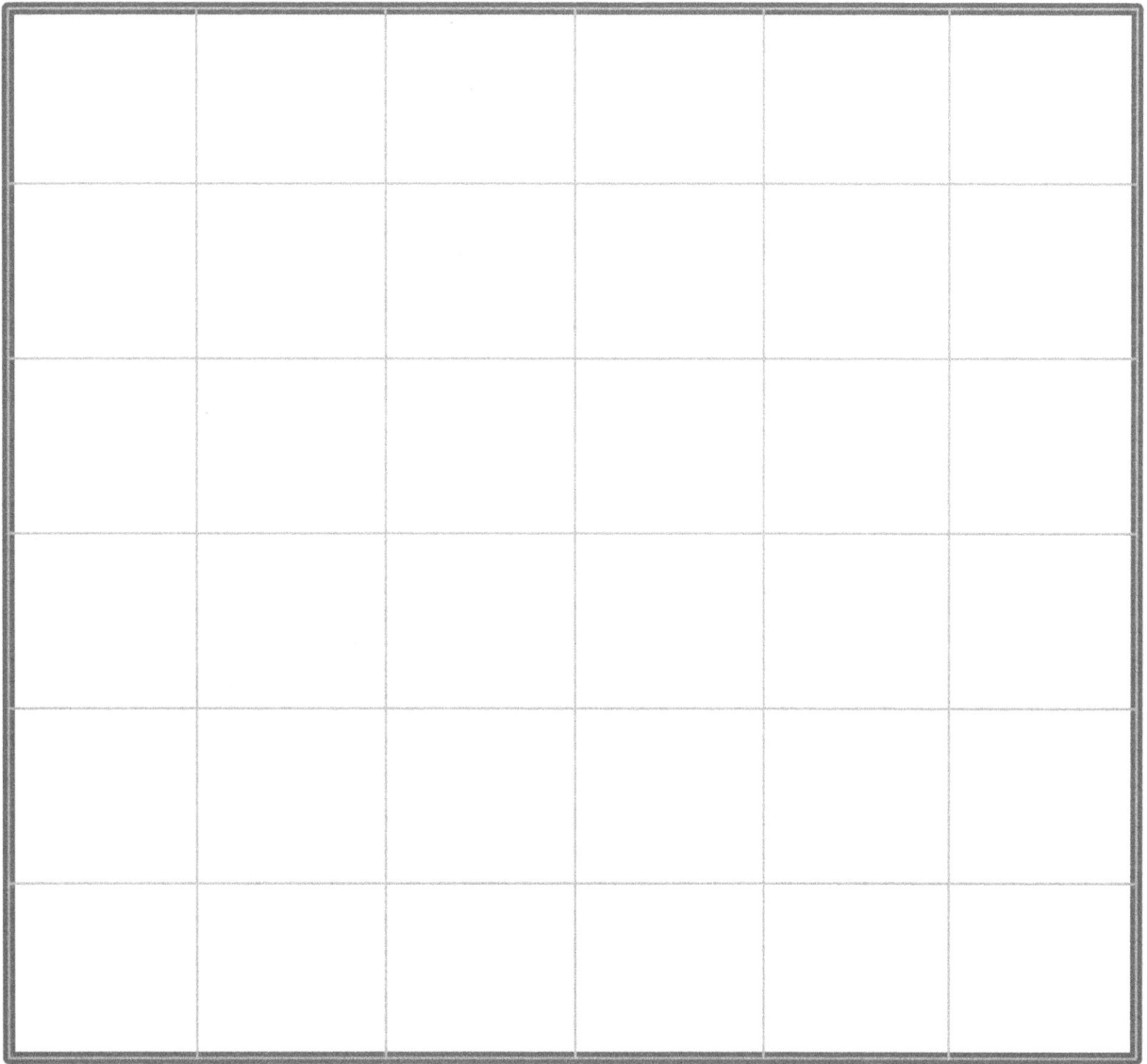

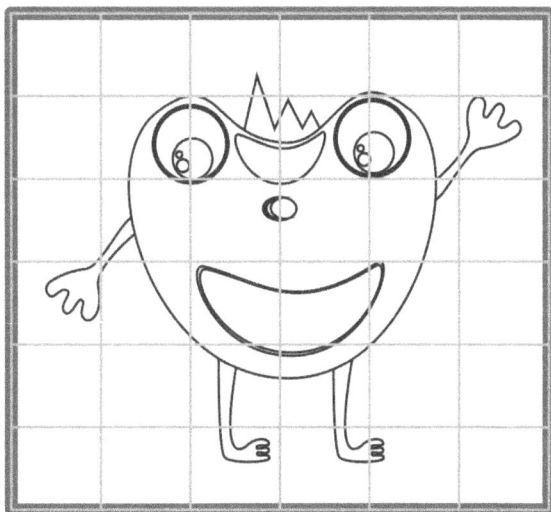

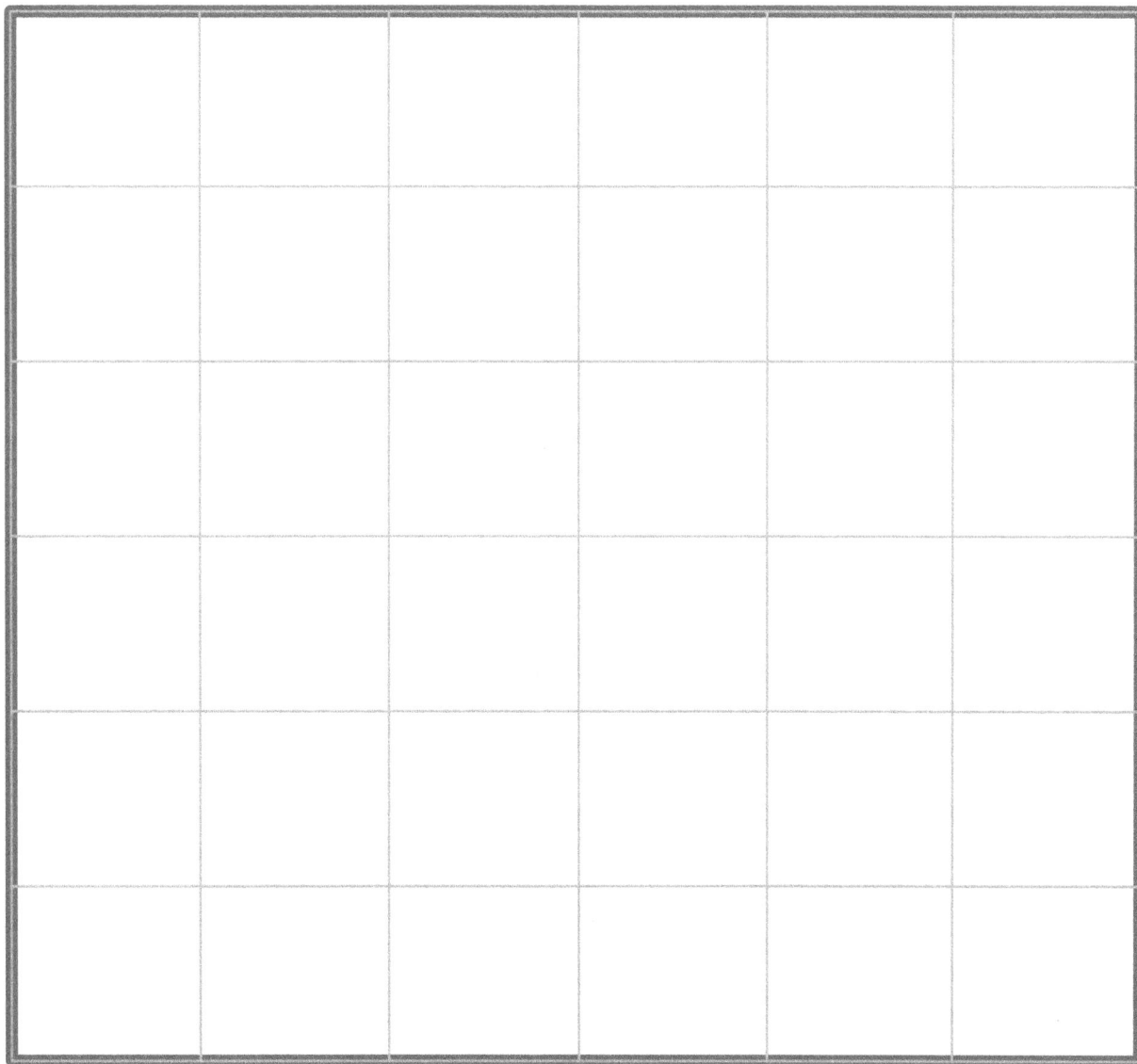

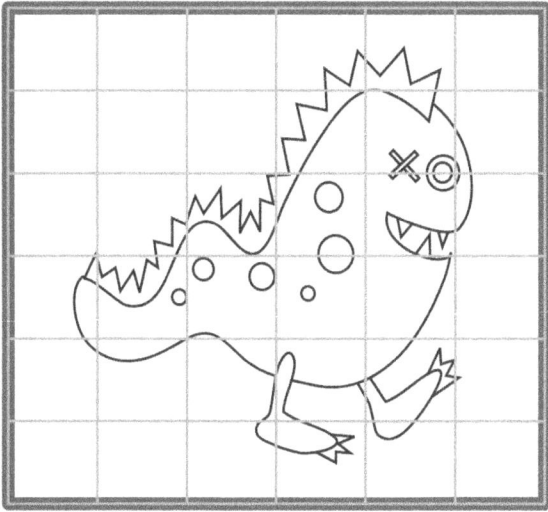

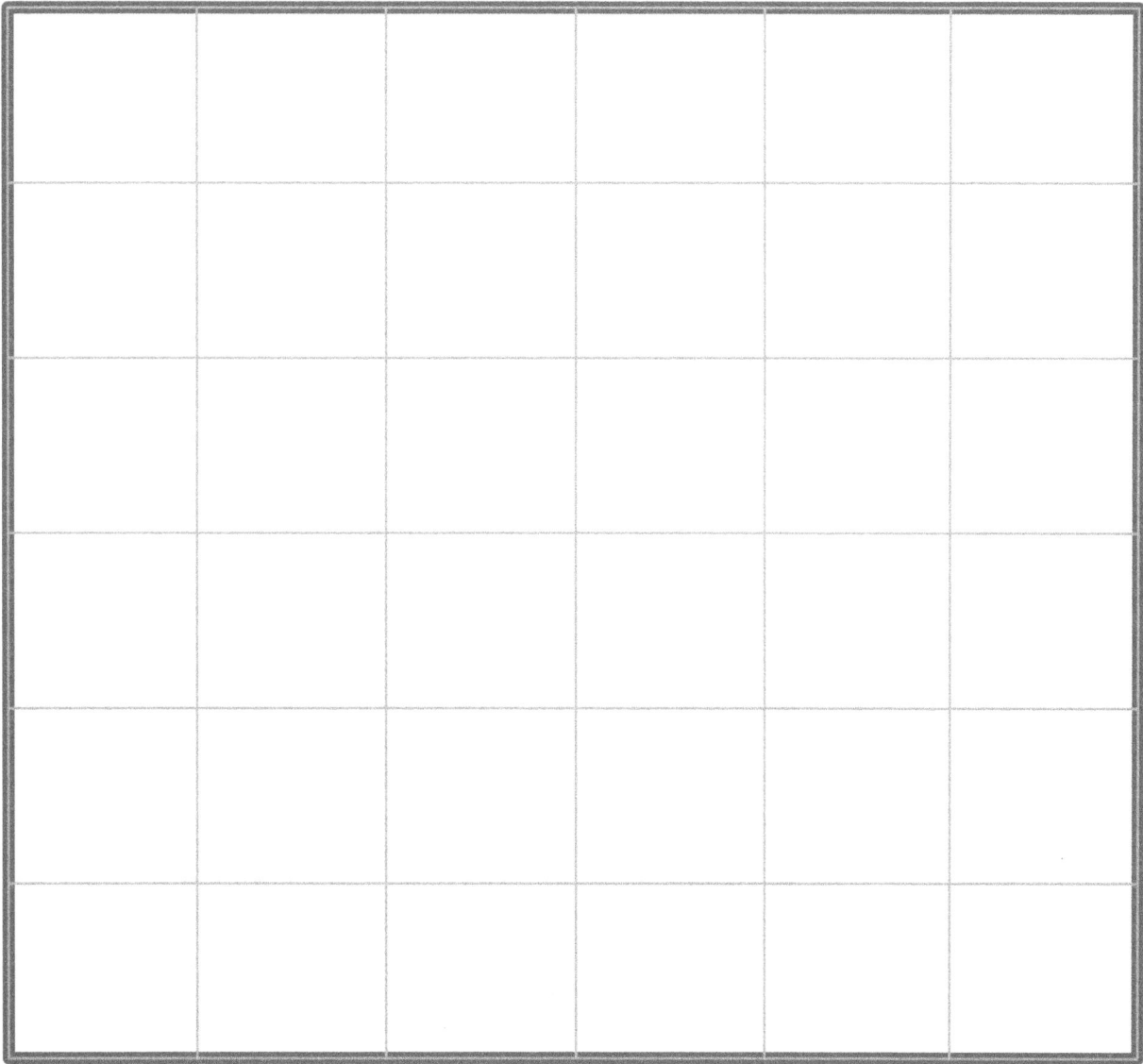

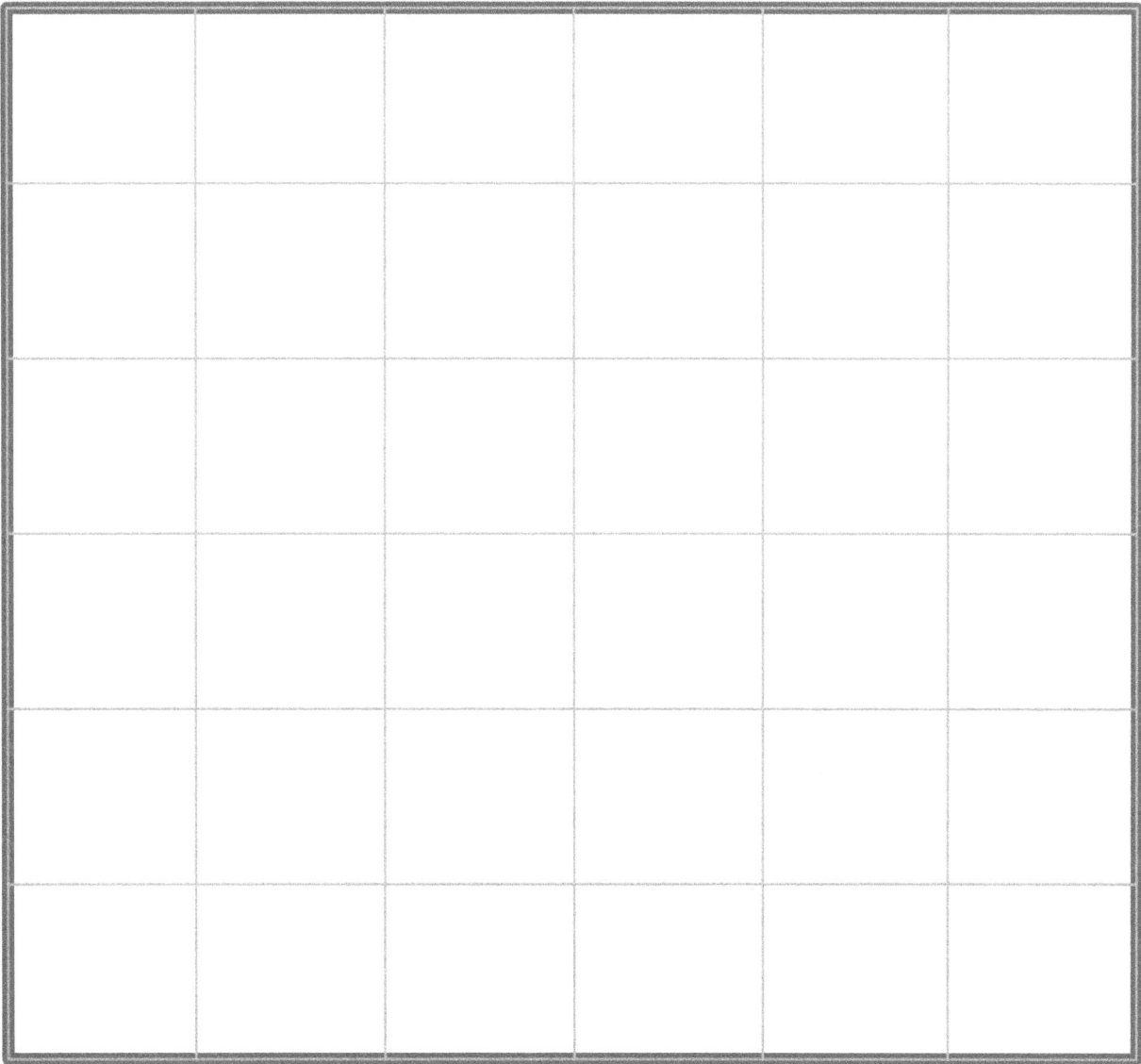

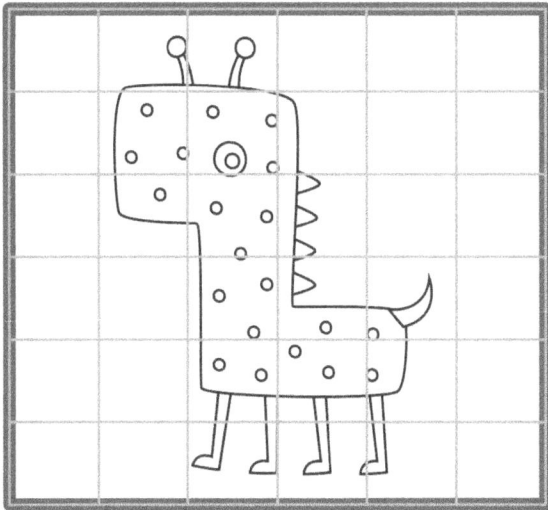

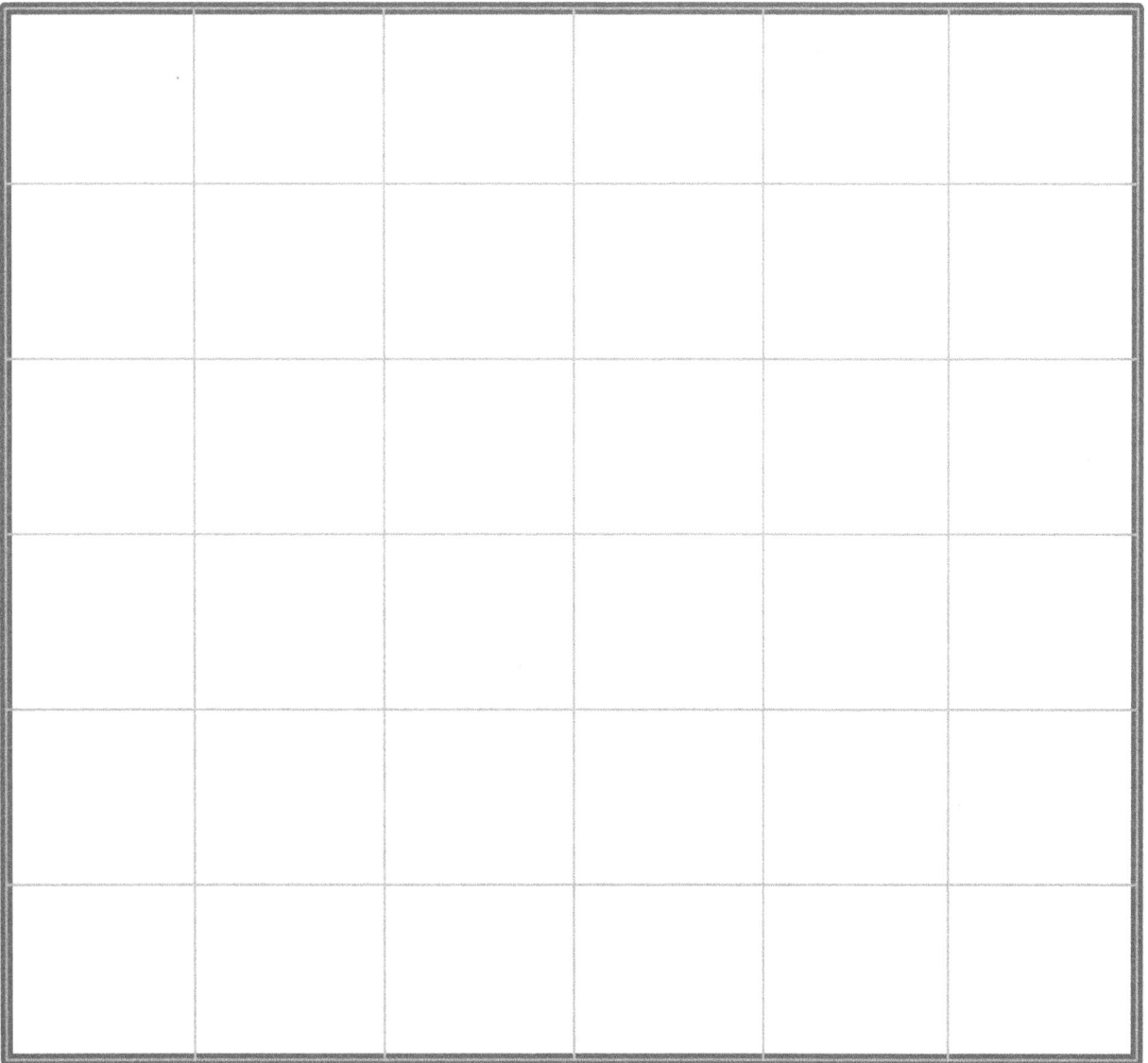

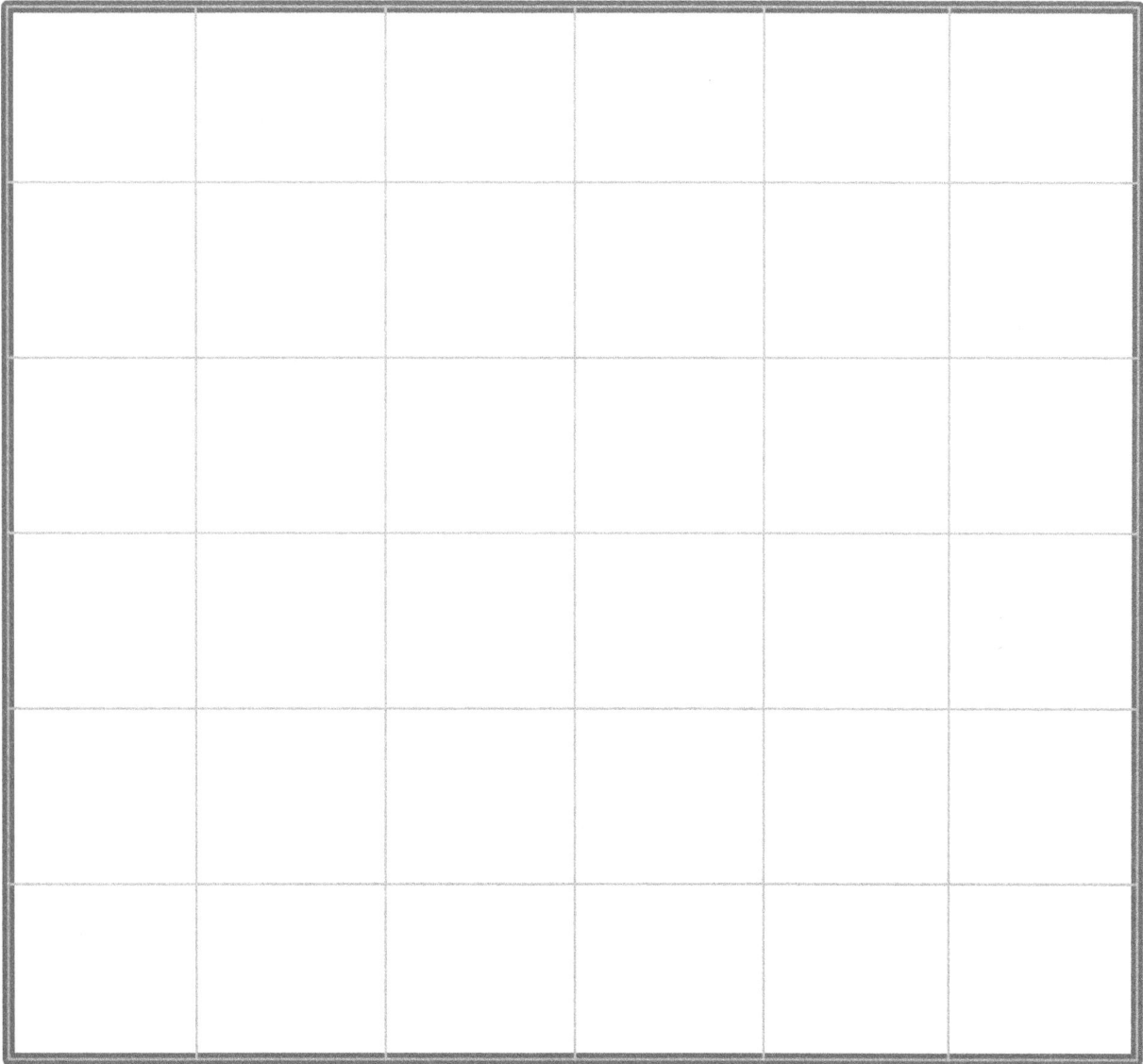

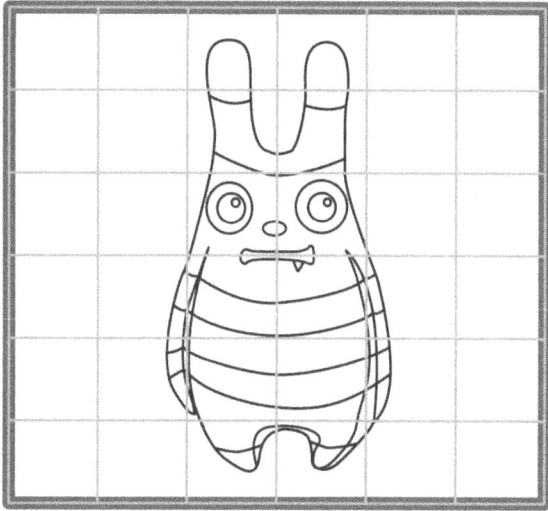

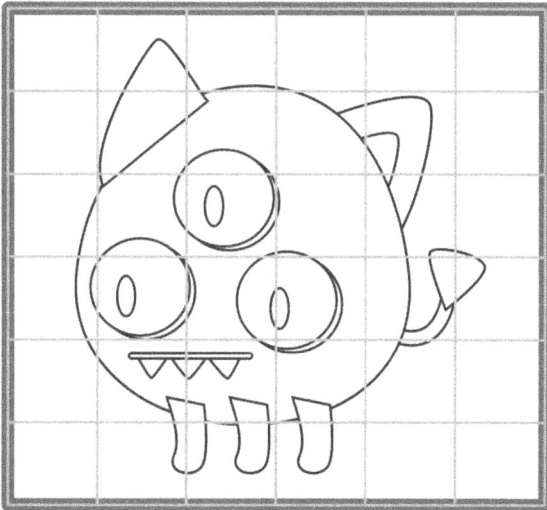

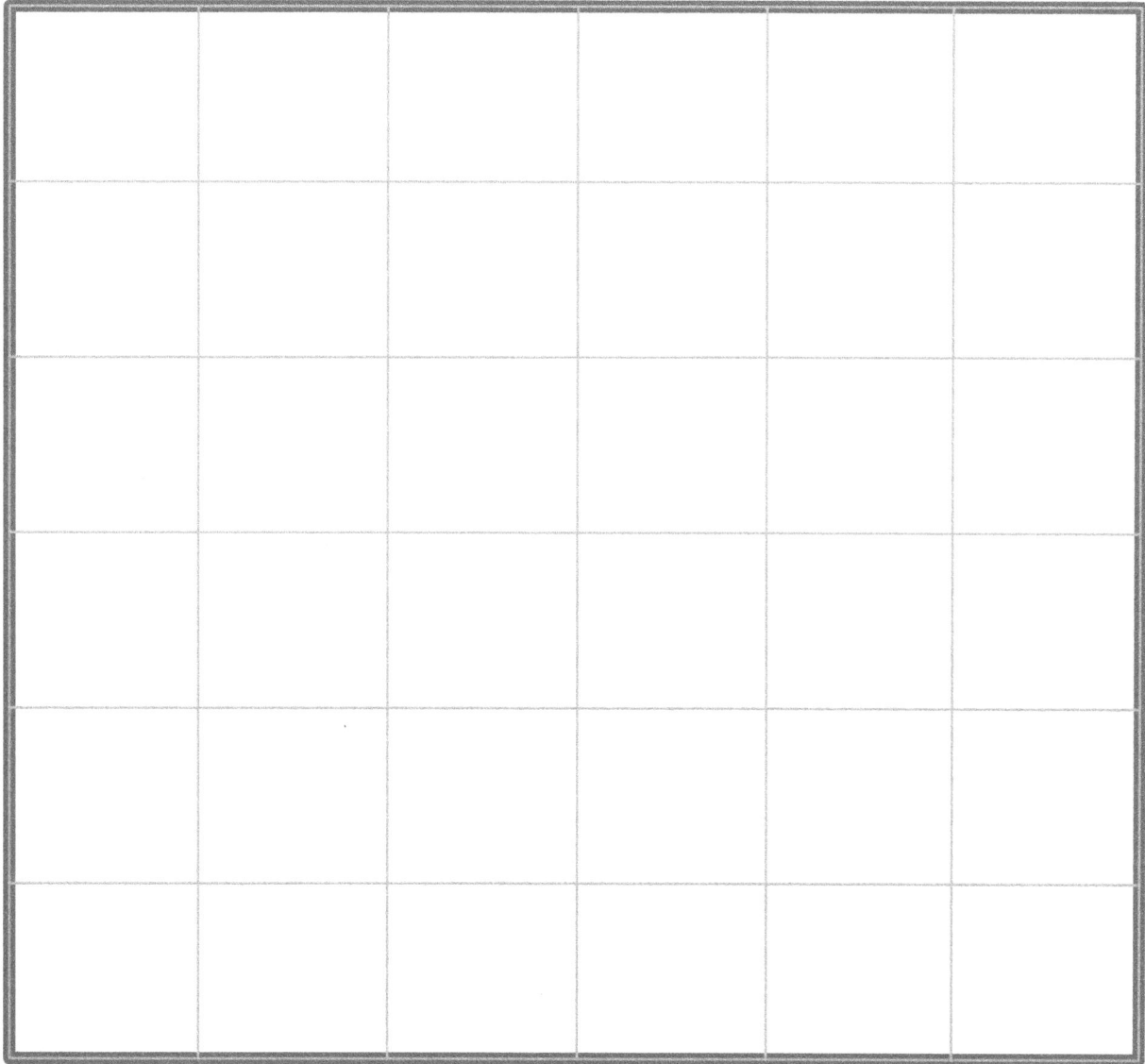

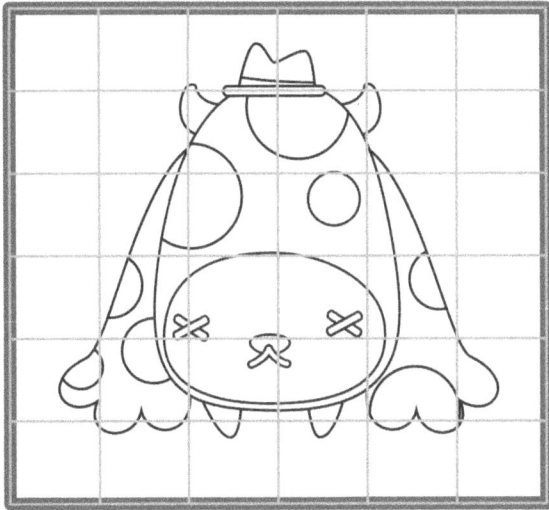

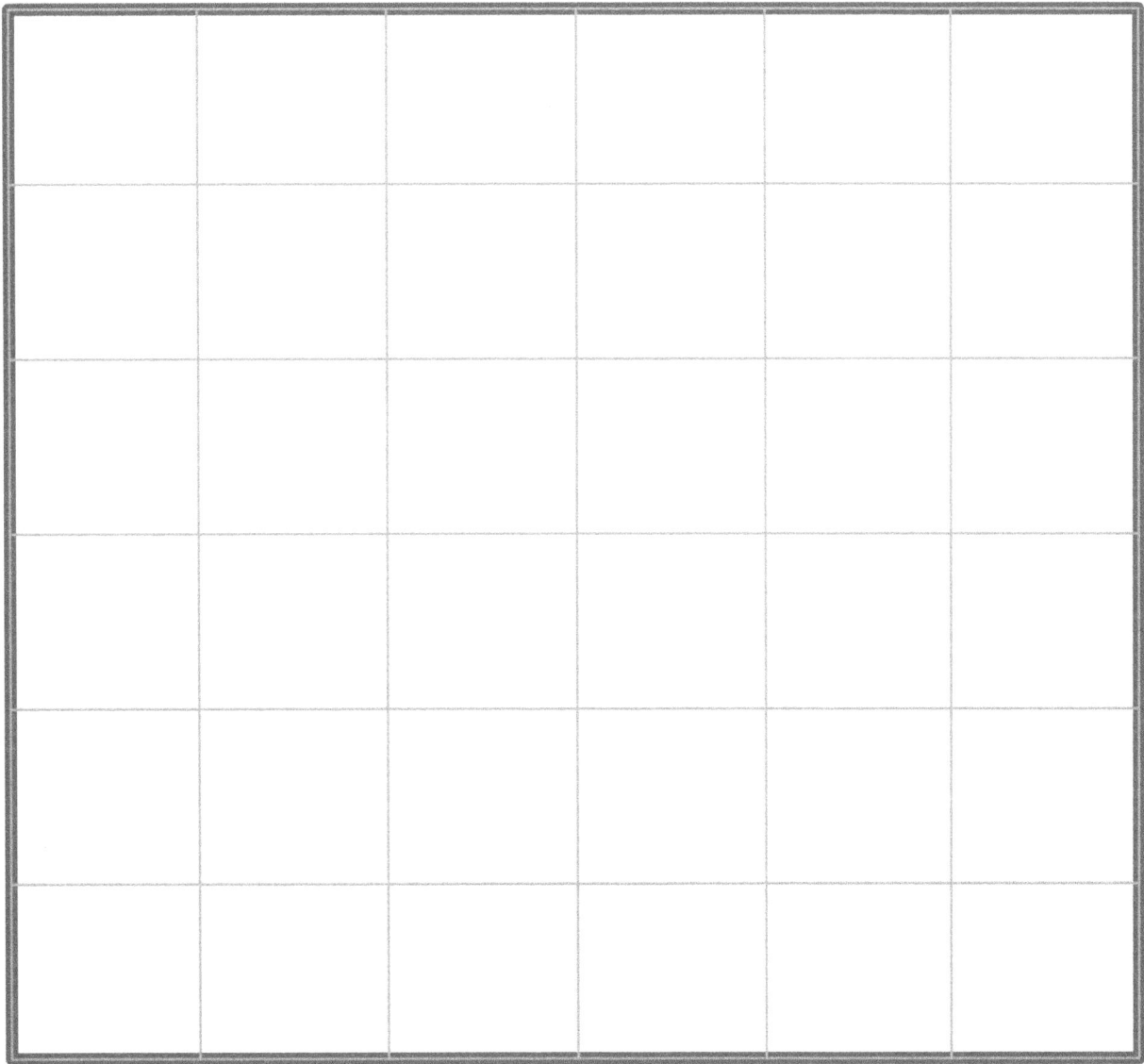

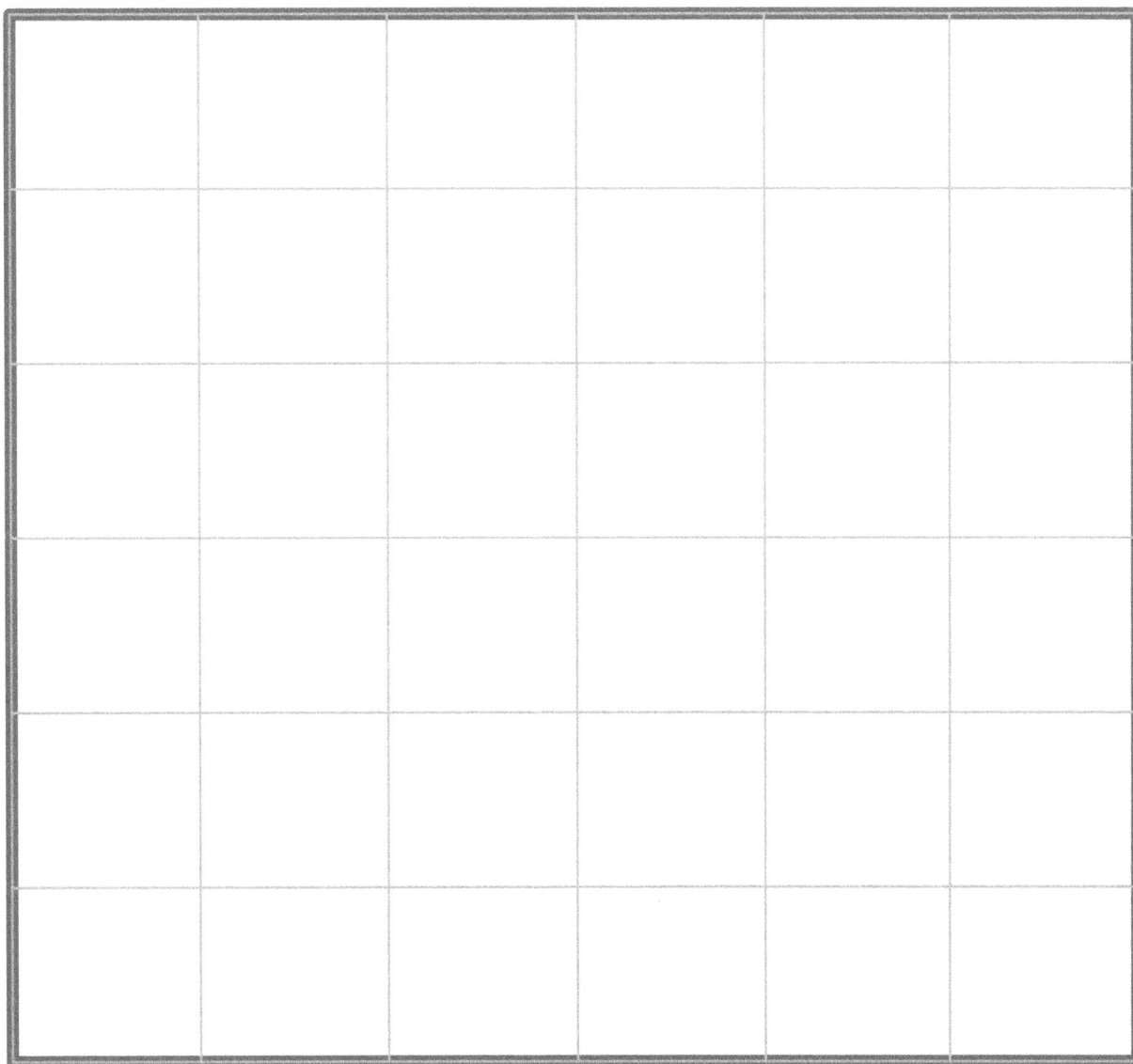

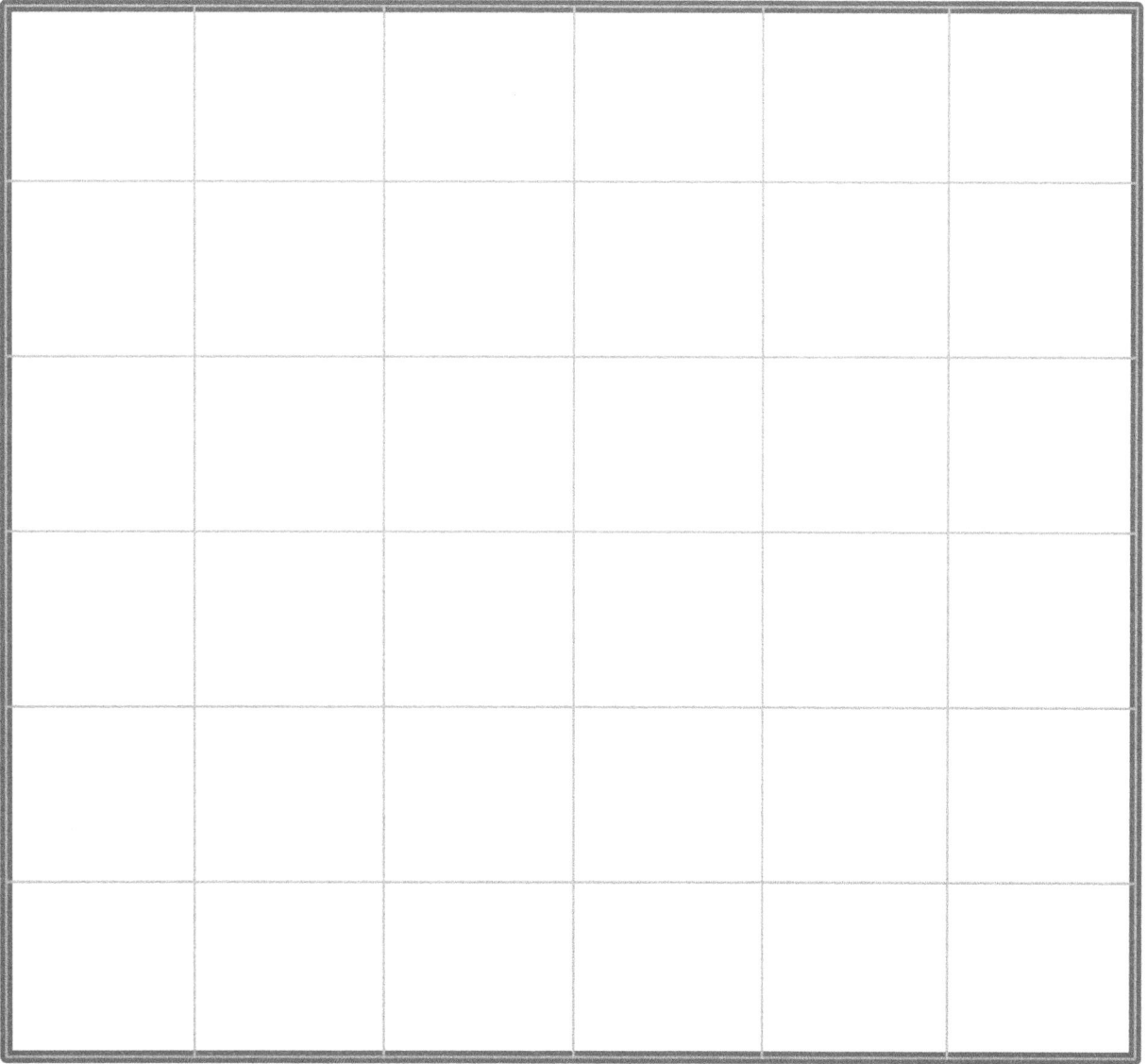

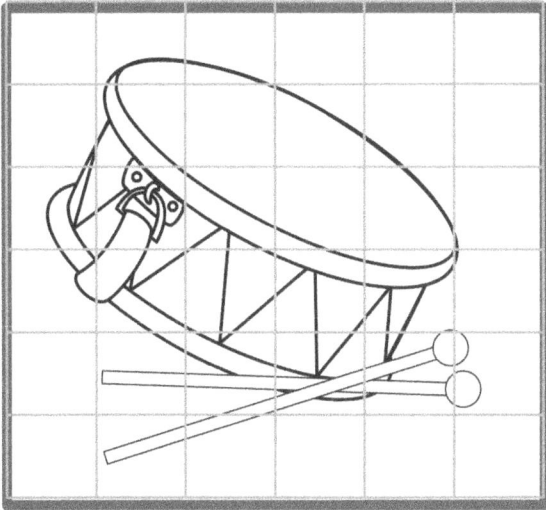

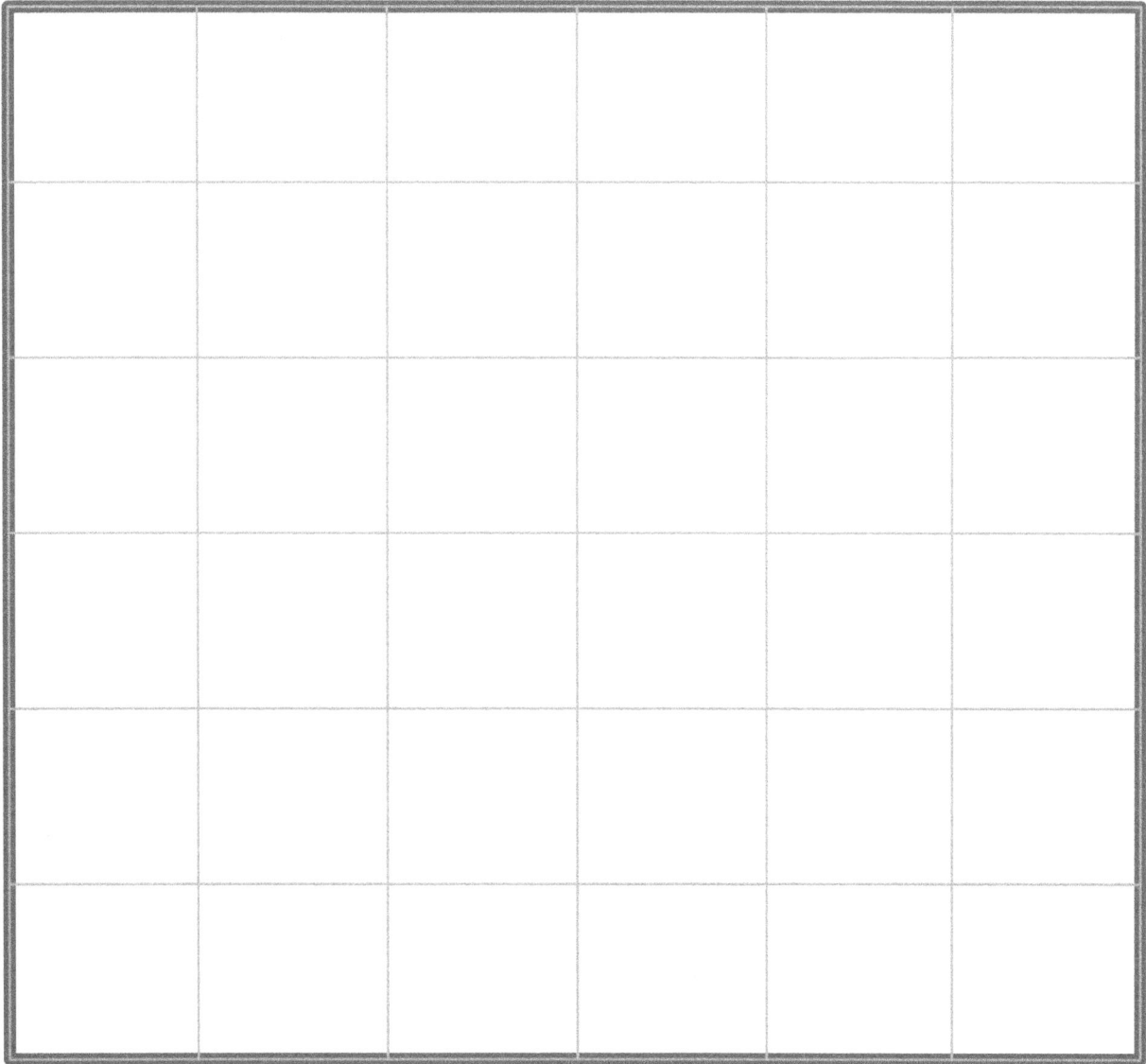

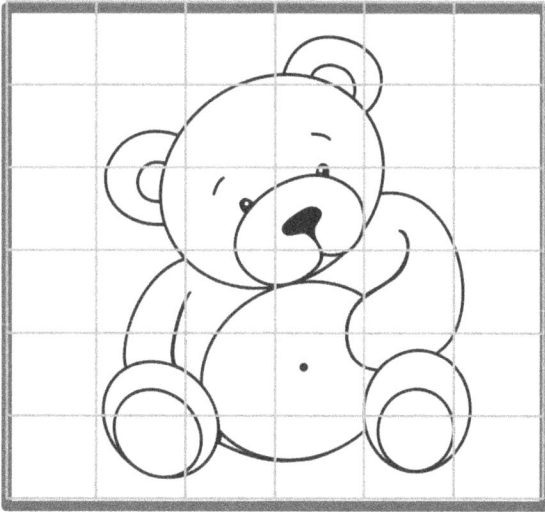

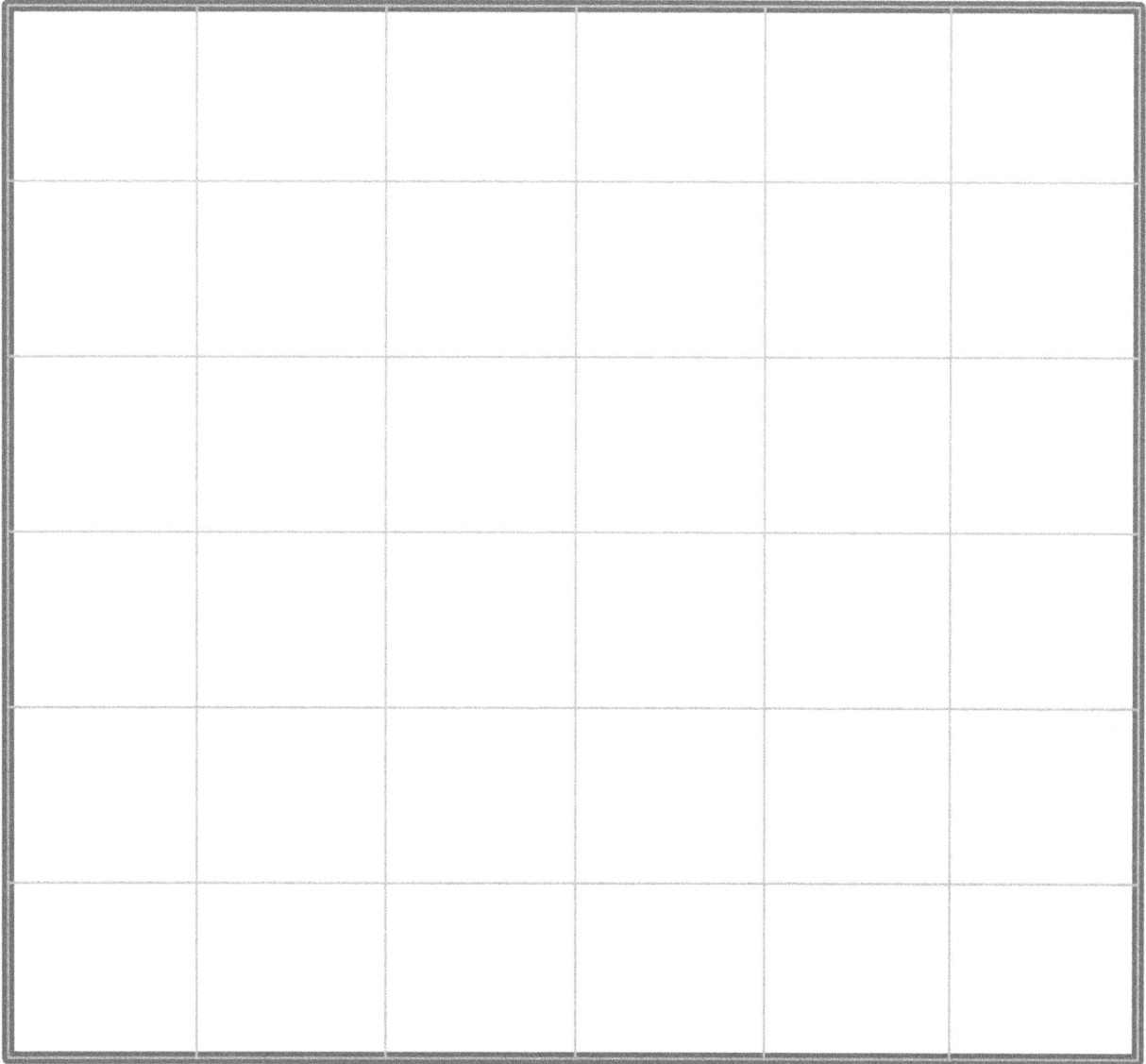

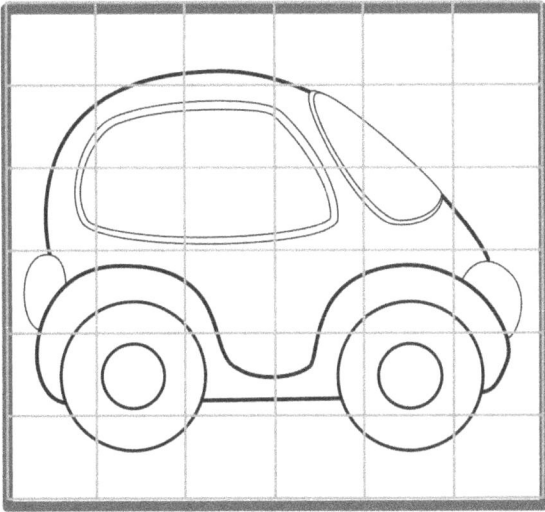

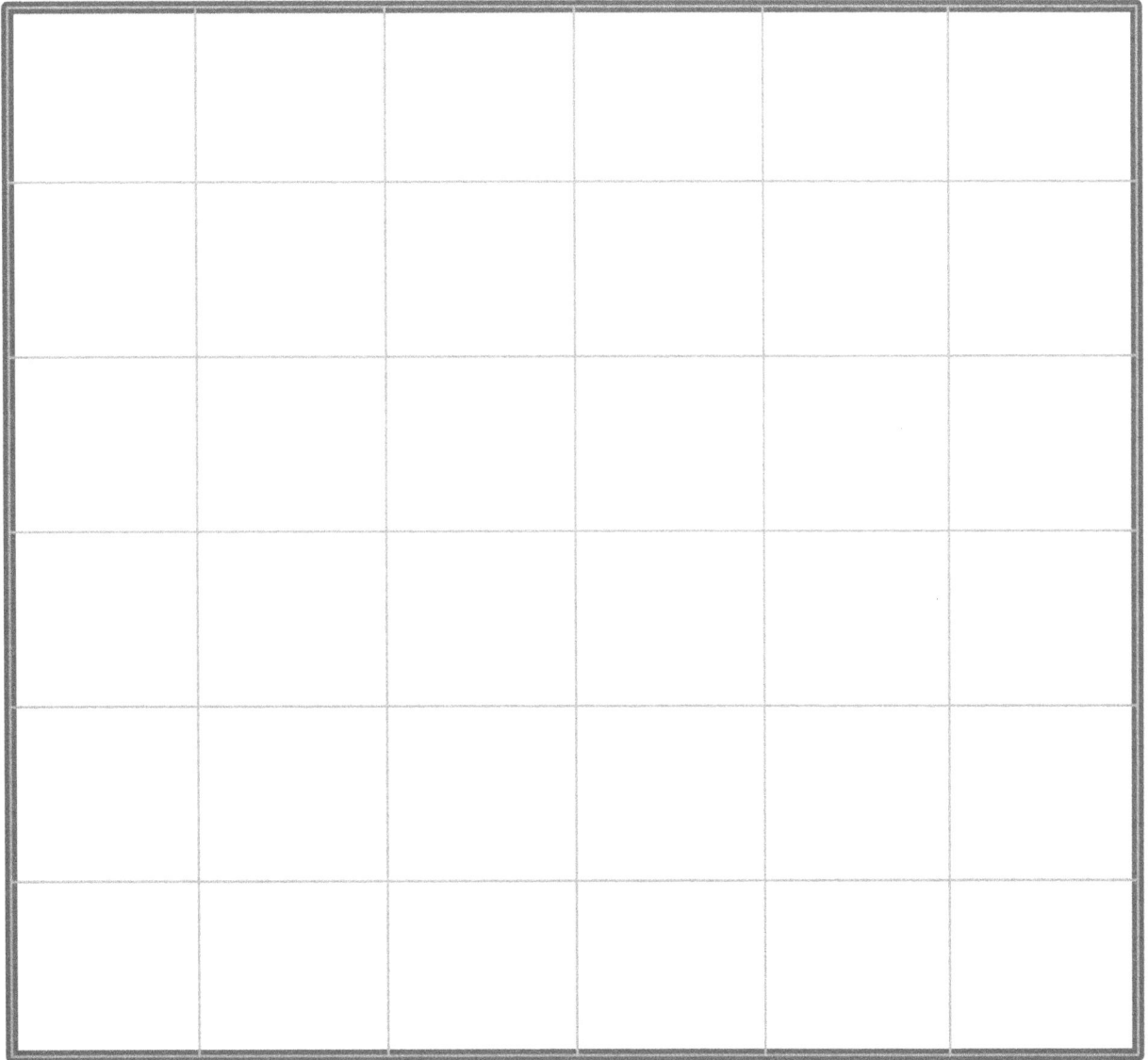

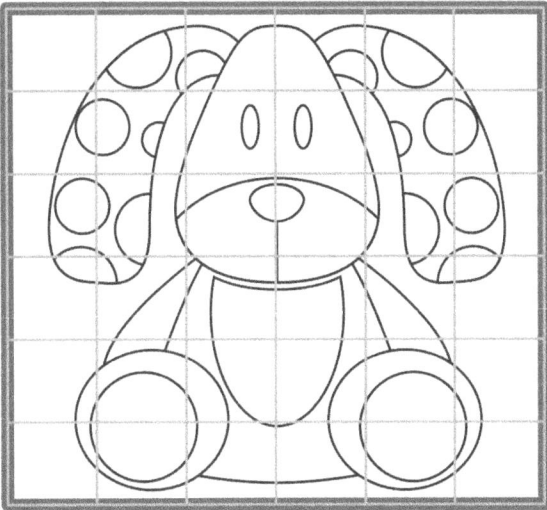

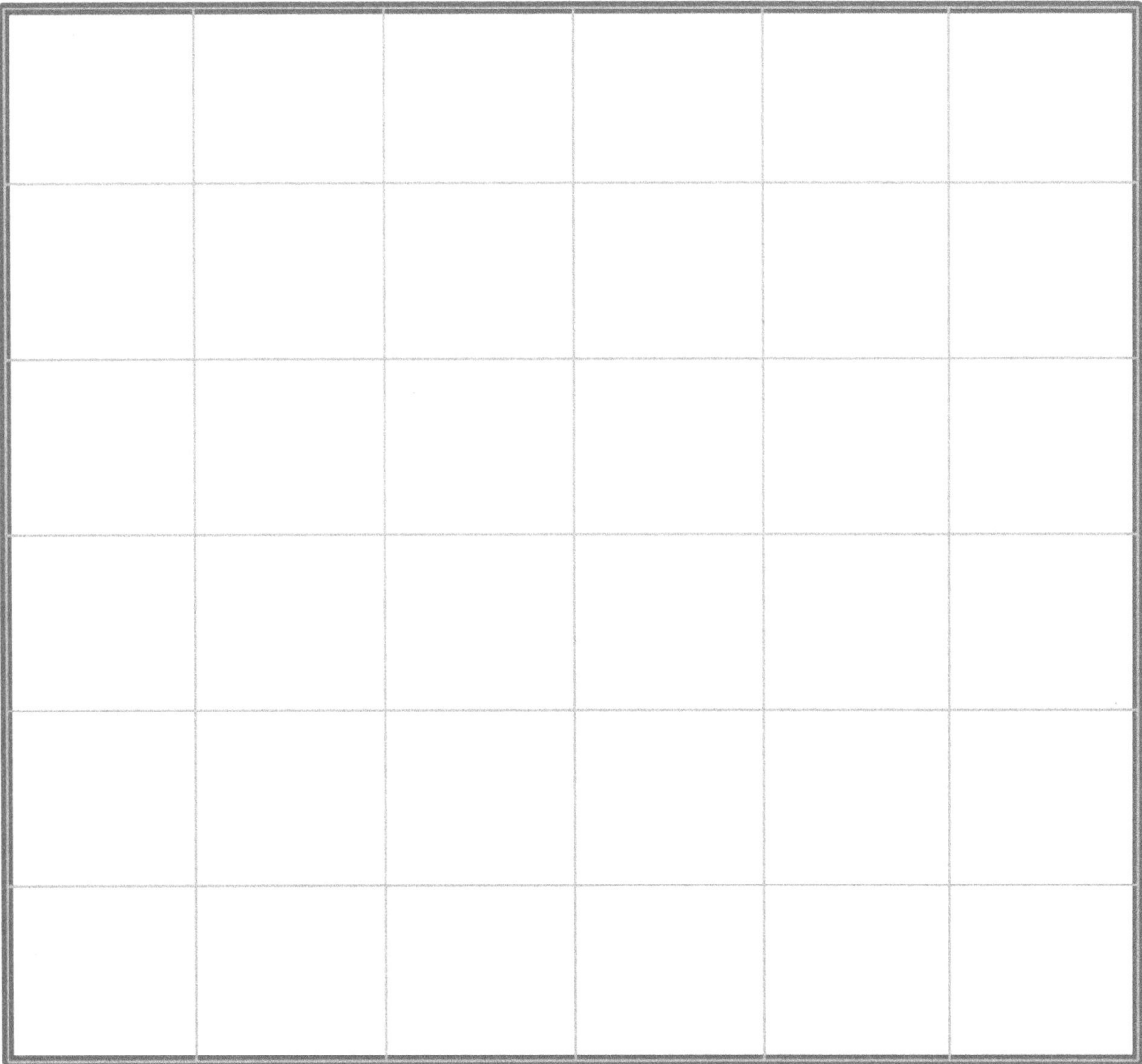

www.ingramcontent.com/pod-product-compliance
Lightning Source LLC
LaVergne TN
LVHW081335060426
835513LV00014B/1300